WOLFGANG WISSLER

KOLUMBUS, DER ENTSORGTE ENTDECKER

WOLFGANG
WISSLER

KOLUMBUS, DER ENTSORGTE ENTDECKER

DAS DESASTER DES LEGENDÄREN SEEFAHRERS

HIRZEL

Der Autor:
Wolfgang Wissler, 1960 in Basel geboren und in Lörrach aufgewachsen, ist Politikredakteur einer süddeutschen Tageszeitung. Nebenbei faszinieren ihn als Schriftsteller Geschichten von Aufstieg und jähem Absturz – was ihn fast zwangsläufig zu Kolumbus führte. Zuletzt erschien von ihm »Er sagt: Töte ihn!« mit sieben mörderisch spannenden Geschichten. Wolfgang Wissler lebt in Konstanz.

Bibliografische Information der Deutschen Nationalbibliothek
Die Deutsche Nationalbibliothek verzeichnet diese Publikation in der Deutschen Nationalbibliografie; detaillierte bibliografische Daten sind im Internet unter https://portal.dnb.de abrufbar.

1. Auflage 2021
ISBN 978-3-7776-2916-2 (Print)
ISBN 978-3-7776-2979-7 (E-Book, epub)

In der Reihe »Literarisches Sachbuch«
ISSN 2747-3279 (Print)
ISSN 2747-3287 (E-Book, epub)

Birkenwaldstraße 44, 70191 Stuttgart
Printed in Poland
Lektorat: Petra Wägenbaur, Tübingen
Einbandgestaltung: Christiane Hemmerich, Tübingen
Satz: Satzpunkt Ursula Ewert GmbH, Bayreuth
Druck und Bindung: Drukarnia Dimograf, Bielsko-Biała

MIX
Papier aus verantwortungsvollen Quellen
FSC® C018236
www.fsc.org

Klimaneutral
Druckprodukt
ClimatePartner.com/12995-2101-1040

www.hirzel.de

»Ich bin in der Überzahl.«

Klaus Kinski in »Fitzcarraldo«

I

Weltgeschichte zu machen bedeutet oft bloß, eine endlose Reihe langweiliger Tage ertragen zu können, denkt der Admiral des Ozeanischen Meeres und kratzt sich am Stoppelbartkinn. Übellaunig stapft er durch den schmutzigen Sand am zerlöcherten, modernden Rumpf der Capitana entlang zu den Palisaden, wo die Leute in größtmöglichem Abstand zum Lager ein Latrinenhäuschen gebaut haben. Christoph Kolumbus öffnet den Verschlag und springt, wie vom Skorpion gestochen, drei Schritte zurück. Sein Gesichtsausdruck: fassungslos angeekelt. Der Zustand der Latrine ist derart, dass … aber lassen wir das. Niemand bezahlt viel Geld für ein Buch, um dann solche Sauereien zu lesen.

Gut, besinnt sich der große Admiral, man muss gerechterweise bedenken, dass Seemänner, die es jahrein, jahraus gewohnt sind, ihre Hintern schlicht über die Reling zu hängen, deren Abort sozusagen der endlose Ozean ist, sich an die Begrenztheit einer solchen Landlatrine erst gewöhnen müssen. Oder auch, dass eine einzige Latrine doch zu wenig ist für 60 verwahrlosende, schmutzige Männer. Trotzdem. Das hier, das ist respektlos. Eine Unverschämtheit. Sie wissen doch, dass auch er, der Admiral des Ozeanischen Meeres und Vizekönig aller von ihm entdeckten Reiche, gelegentlich hierherkommt, zwangsläufig und naturgetrieben hierherkommen muss. Darf man da nicht ein bisschen Respekt erwarten?

Ohne noch einmal auf das Entsetzliche zu blicken, beschließt Kolumbus, dass sein Harndrang doch stark nachgelassen hat, und stapft durch den Schmutzsand – Schmutz ist überall, wirklich überall – zurück zur Capitana. Weltgeschichte zu machen bedeutet oft, eine endlose Reihe langweiliger Tage und widrigster Umstände ertragen zu können, modifiziert er seinen schönen Leitsatz. Widrigste Umstände wie versaute Latrinen, stinkende Baumratten an Garnichts als Nachtmahl, Schwaden von Schweißgestank, undankbares, dauermaulendes Personal, rebellierende Nichtskönner und Besserwisser, Indianerpfeile und natürlich die Hitze. Diese unerträgliche, lähmende Hitze. Alles schwitzt und klebt. Eine Heimsuchung.

Schon jetzt, am frühen Morgen, ist es viel zu heiß. Kein Lüftchen regt sich. Das Wasser in der weiten Bucht ist glatt und träge, ölig fast, wie verklebt von widerlicher Hitze. Der Himmel gnadenlos blau. Auch heute wird ihm – wie gestern und vorgestern und all die Tage davor – wenig anderes übrig bleiben, als in den Schutz seiner kleinen Hütte auf dem Oberdeck zu kriechen, dort schwitzend und schnaufend die Stunden zu verplempern und dem unzweifelhaften Höhepunkt des Tages entgegenzufiebern: ein Stück gegrillte Baumratte, am Abend, wenn die Sonne gesunken ist und es hoffentlich etwas kühler wird. Ein Tag wie all die anderen Tage. Trostlos.

Nicht zu vergessen die Gespräche. Er kennt seinen Text auswendig. Er wird sagen, dass die Retter unterwegs sind. Ganz sicher sind sie das. Vor hundert Tagen ist Méndez nach Hispaniola aufgebrochen. Selbstverständlich hat er die Überfahrt geschafft, keine Frage, Diego Méndez ist schließlich ein Held. Wie oft hat er das auf dieser elenden Reise schon bewiesen, wie oft seine Kameraden aus Gefahren gerettet, die ungleich größer waren. Erinnert euch, Leute, wie unser tapferer Méndez an jener schrecklichen Küste den Weg für uns freischlug, als uns die Wilden einzukreisen drohten. Ohne ihn, unseren Helden Méndez, wären wir nicht einmal hier. Also? Was ist da eine Fahrt im Kanu über ruhige See, die paar Meilen? Für Méndez eine seiner leichtesten Heldenübungen. Ganz gewiss wird er inzwischen ein Schiff gefunden haben. Das ist natürlich nicht so einfach, aber Méndez ist auch ein großer Diplomat. Ein Schiff und eine tüchtige Mannschaft. Die Retter sind gewiss schon auf dem Weg hierher, mit Speck an Bord und Brot und Schnaps und Wein. Ja, natürlich, da sei er ganz und gar sicher. Er sei Kolumbus, der Entdecker, die Legende, er habe immer Recht gehabt. Vielleicht werden sie heute schon am Horizont die Segel des rettenden Schiffes ausmachen. Ganz gewiss aber morgen. Diese kurze Zeit noch müssten sie durchhalten. Gemeinsam durchhalten. Eisern. Ein paar Stunden noch, mein Freund. Schau her, mir, Kolumbus, dem Herrn unermesslicher Welten, geht es auch nicht besser als dir. Esse ich Besseres als du? Trinke ich etwas anderes als Flusswasser? Natürlich nicht. Wir sind gleich, du und ich. Gefährten in der Not. Und wir schaffen das. Überhaupt keine Frage. Natürlich schaffen wir das.

Das alles wird er sagen, immer und immer wieder, den gleichen Text an verschiedene Sturschädel ran, bis zum Erbrechen. Weiß eigentlich irgendwer auf Hispaniola oder, noch besser, in den weiten, kühlen Schlössern Spaniens, wie mühsam es für Eroberer ist, die kleinmütige Gefolgschaft bei Laune zu halten? Wie anstrengend? Wie maßlos anstrengend? Seemänner, mit angsterfüllten Augen, stark schweißelnd und vor Schmutz starrend, werden zu ihm in die sowieso schon enge, heiße Hütte kriechen, zu ihm, der Autorität, dem unfehlbaren Orakel, und fragen, wie die Chancen stehen. Sie werden von Frauen und sieben mal sieben Kindern erzählen, die sie unbedingt wiedersehen wollen. Sorge dich nicht, wird der gütige Admiral sagen und dabei das Gähnen zu unterdrücken versuchen. Du wirst sie wiedersehen. Als reicher Mann wirst du nach Spanien zurückkehren. Reich und überaus angesehen, denn du segeltest mit Kolumbus. Du bist Teil seiner Geschichte, die eine der größten Geschichten überhaupt ist. Du wirst dir ein schönes Haus kaufen und Acker und Weiden und für deine sieben mal sieben Kinder einen Privatlehrer einstellen, damit sie etwas Ordentliches lernen und sich später nicht den Gefahren der See aussetzen müssen. Heute nochmals Baumratte, mein guter Freund, und morgen dann ein mächtiges Stück gegrillten Rindfleischs und hektoliterweise roten Wein. Du und ich, wir werden dann fröhlich anstoßen auf die gelungene

Rettung. Ja, da bin ich mir ganz sicher. Kolumbus denkt: Weltgeschichte zu machen bedeutet oft bloß, Tag für Tag, Jahr für Jahr die Jammereien und Meckereien seiner Leute auszuhalten.

Dazu noch die Gerüchte. Sie sind überhaupt das Allerschlimmste. Dass selbst wenn – was höchst unwahrscheinlich, ja kaum vorstellbar sei – Méndez in seinem lächerlich winzigen Kanu das erbarmungslose Meer überquert und Hispaniola erreicht hätte, trotzdem kein Schiff zur Hilfe kommen werde. Weil nämlich bei Hofe niemand Kolumbus retten wolle. Er sei dort lästig und wegen seiner dauernden Forderungen auch extrem teuer im Unterhalt. Gut und praktisch, wenn der Seeheld irgendwo ehrenhaft verrotte. Dass seine wackeren Leute mit verrotten, das sei dann eben ein Kollateralschaden. Bedauerlich, aber nicht zu ändern.

Wenn Kolumbus so etwas hört, dann wird er hart, sein Blick wird eisig. Dass er es wage, so etwas zu sagen, herrscht er den armen Seemann an. Überhaupt so etwas zu denken und es dann auch noch ihm, dem Admiral, ins Gesicht zu sagen. Unfassbar. Respektlos. Enttäuscht sei er, enttäuscht und viel mehr noch. Entsetzt. Beleidigt. Nur so viel: Er, der große Entdecker, genieße die unbegrenzte Huld der Königin wie auch des Königs. Habe er ihnen doch die Wege zu unendlichem Reichtum gewiesen, zu neuen Ländern, gegenüber deren Größe Spanien wie ein Vorgärtchen wirke, und das, entdecken und den Reichtum Isabellas und Ferdinands und überhaupt ganz Spaniens größer und noch größer werden lassen, genau das tue er auch jetzt. Auch hier. Ja, in diesem verschwitzten Moment in dieser erbärmlichen Behausung, selbst wenn es vielleicht auf den ersten Blick nicht danach aussehe. Auch hier, in dieser elenden Bucht, werde Weltgeschichte geschrieben, und zwar unablässig.

Kolumbus stapft an der Capitana – man muss bedauerlicherweise sagen: am wurmzerfressenen Wrack der Capitana – vorbei Richtung Meer. Elende Hitze, denkt er und wischt sich ein erstes Schweißbächlein von der Brust. Elende Lage. Dieses Nichtstun. Nichtstunkönnen. Eine Folter. Nichtstun ist ja eigentlich das Gegenteil von entdecken. So viel gäbe es zu entdecken, das weiß er, unendliche Welten, stattdessen hockt er hier bleischwer auf diesem Strand und verschwendet seine Zeit damit, kleinmütige Seeleute zu bequasseln und davon abzuhalten, ihm vielleicht vor lauter Langeweile die Haut abzuziehen.

Auf halbem Weg zwischen Wrack und Meer bleibt er stehen. Er dreht sich um und sieht zum Wald hoch, der die weite Bucht säumt. Ein lückenlos wildes, dschungeliges Grün. Vor Monaten, an der düsteren Küste jenes geheimnisvollen und mutmaßlich riesengroßen Landes, hätte er es niemals wagen dürfen, so ungedeckt auf freiem Gelände zu sinnieren. Sofort hätten im wahrsten Sinne des Wortes hinterhältige Indianer ihre Pfeile auf ihn geschossen. Alle mussten sie dauernd darauf achten, gut gedeckt zu sein, die Pfeile kamen aus den aberwitzigsten Winkeln heran und rissen schreckliche Wunden in Seefahrerschultern, -arme und -beine. Einem der Männer hatte ein Pfeil den Bauch aufgerissen. Gedärm quoll heraus, er schrie die ganze Nacht, bis er am regnerischen Morgen endlich sterben durfte. Unnötig zu sagen: regnerischer Morgen. Es gab ausschließlich regnerische Morgen. Und regnerische Nachmittage, Abende, Nächte. Es hatte geregnet und nur geregnet, ohne Pause, erbarmungslos. Wochenlang waren sie alle nass bis auf die Knochen, nein bis ganz tief in die Knochen hinein, sie waren aufgeweicht und begannen sichtlich zu faulen. Finstere, regensatte Wolken klebten an den steilen Urwaldhängen, und dann kamen wieder die Pfeile. Aus den Wolken, aus den Bäumen. Niemals haben sie einen Schützen zu Gesicht bekommen.

Dagegen, denkt Kolumbus, während er weiter das helle, freundliche Grün oberhalb der Bucht nach irgendeiner Bewegung absucht, haben wir es hier richtig gemütlich. Lieber die heiße Sonne als diesen endlosen, trostlosen, alles durchdringenden und aufweichenden Regen. Vor der Sonne kann man sich schützen, vor dem Regen in jenem gruseligen, feindseligen Land hatte es irgendwann keinen Schutz mehr gegeben. Alles schwappte, schlammte und quoll, alles war nass gewesen, ekelhaft nass. Sie stapften, standen, saßen und lagen im Schlamm, und nachts lauerten vor ihren modernden Hütten riesige Echsen. Deren Augen leuchteten in blutrünstigem Rot. Kolumbus schaudert, wenn er daran denkt. Jeder wusste, sollte er nur einen Fuß vor die Hütte setzen, er würde gepackt, fortgeschleift, in blutige Fleischfetzen zerrissen und dann gefressen.

Hier gibt es keine Krokodile, und die Indianer haben auch nicht versucht, sie mit Pfeilen zu töten. Noch nicht, denkt Kolumbus. Wer weiß schon, was dieser idiotische Porras und seine Bande, kurz: was die Meuterer auf der Insel anrichten werden. Vermutlich ziehen sie durch die Wälder wie von der Kette gelassene Bluthunde, hungrig, geil nach Weibern und Gewalt. Dass das gut gehen kann, wird man nicht einmal einem der weißmarmornen Engelchen in der Kathedrale von Sevilla erzählen wollen. Und ihm, Kolumbus, dem Seefahrer, schon gar nicht. Er weiß: Des Menschen Niedertracht ist keinesfalls zu unterschätzen, und die des Francisco de Porras zweimal nicht. Sie werden die Indianer gegen sich aufbringen, natürlich werden sie das, und damit auch seine Truppe, die Truppe der Königin und des Königs von Spanien, in große Schwierigkeiten bringen. Er hatte bei der letzten, schon ziemlich barsch verlaufenden Zusammenkunft mit dem Häuptling zu erklären versucht, dass diese Leute, die die kleine Festung der beiden Schiffswracks verlassen hatten, mit ihnen, den Zurückgebliebenen, den Guten und Treuen, nichts mehr zu tun hätten. Würdevoll hatte der Häuptling genickt. Aber hatte er auch verstanden? Wollte er überhaupt verstehen? Die üblen Meuterer sehen gleich aus wie die Guten, tragen die gleiche Kleidung, haben die gleichen Waffen, sprechen die gleichen Worte. Sie alle sind in den Augen der Indianer ein Wurf, ein Übel, natürlich. Es wird großen Ärger geben. Sie werden die Palisaden verstärken müssen.

Bisher war das Verhältnis zu den Indianern der Insel … ja, wie gewesen? Freundschaftlich? Freundlich? Nein, das nun auch nicht, wir wollen nicht übertreiben. Geschäftlich vielleicht. Ja, die gestrandeten Eroberer und die Indianer waren bisher sozusagen Geschäftspartner. Zu Beginn sind die Geschäfte ganz zu unseren Gunsten gelaufen, denkt Kolumbus, während er sich umdreht und langsam weiter den Strand entlanggeht. Da konnte man sich für ein paar Glasperlen noch so richtig satt essen. Spottpreise waren das gewesen. Für das rostige Messer eines Schiffsjungen konnte die ganze Truppe – und sie waren damals noch über hundert Mann stark gewesen – eine ganze Woche lang schmausen und saufen. Täglich brachten die Indianer ihre Ware in die Nähe der auf den Strand gezogenen Schiffe, große Körbe mit frischgebackenem Fladenbrot, Fisch, Wildbret, Früchten in allen Farben und Formen. Sie hatten gefressen, bis die maroden Balken der Wracks ächzten und sich bogen. Manche Gelage endeten erst gegen Morgengrauen, egal, sie hatten ja sowieso nichts zu tun und konnten ausschlafen und verdauen. Dann aber zogen die Preise gewaltig an. Die Indianer hatten ihre Lektion in Wirtschaftswissenschaften gelernt und erkannt, dass die Gestrandeten sie viel mehr brauchten als andersrum. Die Geschäftsbeziehung geriet in arge Schieflage. Für das Messer eines Schiffsjungen – falls sie noch eines hätten – bekämen sie jetzt noch die Gräten zweier gammeliger Fische, so sieht es aus. In dieser Woche haben die Indianer überhaupt nichts Essbares mehr geliefert. Der Häuptling sagt, sie hätten nichts mehr, die Fremdlinge hätten alles weggeputzt und sein Volk müsse jetzt hungern. Das hätten sie jetzt von ihrer Mildtätigkeit. Kolumbus glaubt das nicht. Chaymaka ist doch eine große, üppig bewachsene Insel. Er muss es wissen, er hat sie selbst entdeckt. Hunderte von Inseln hat er entdeckt, Hunderte von Inseln. Damals, auf seinen glorreichen Reisen.

Wie aufs Stichwort kommen die Erinnerungen wieder. Alle Straßen vollgepfropft mit ekstatisch jubelnden Menschen. Sein Tross kommt kaum voran. Seit Wochen ist das so. Ganz Spanien ist im Jahr des Herrn, 1493, wie berauscht, ist verzückt, ein Reich im Taumel. Alle greifen sie nach ihm, zerren an ihm, streicheln ihm Arme und Beine, küssen ihn. Seine Reise quer durch das Land nach Barcelona zu den katholischen Majestäten ist ein nicht enden wollender Triumphzug. Im ganzen Reich wird gefeiert, tage- und nächtelang. Denn er, Christoph Kolumbus, der Zugewanderte, der Ausdauernde, der Sturkopf, hat geschafft, was all die Gelehrten und Hochadligen, die Wissenschaftler und die Bischöfe für ganz und gar unmöglich gehalten hatten: Er hat den Seeweg in das reiche Indien gefunden, indem er nach Westen segelte. Er, der Anmaßende, ist jetzt der Held. Spanien würde reich werden, unermesslich reich. Jeder Spanier würde schon sehr bald in einem seidenen Bett schlafen und sich eine braunhäutige Dienerschar halten. Kolumbus hatte Gold mitgebracht. Nicht viel natürlich, schließlich sind seine Schiffe klein, und es gibt noch anderes vorzuzeigen, Indianer zum Beispiel und bunt schillernde Vögel. Doch diese Goldpröbchen sind eine zarte Andeutung dessen, was in den geheimnisvollen Reichen des Ostens noch darauf wartet, von Spaniern flugs abgeholt und eingesackt zu werden. Die Menschen jubeln, sie umarmen, drücken und küssen ihn, da ist kein Durchkommen. Die Königin und der König müssen lange warten, und sie warten gerne. Auf ihn.

Als er sie endlich erreicht hat, strahlen Ihre Majestäten ihn an. Dann geschieht, was keiner der Anwesenden je gesehen hat: Isabella und Ferdinand erheben sich von ihren Thronen. Die Majestäten erheben sich, um den einen zu ehren, ihn, Kolumbus, den größten aller Entdecker. Das gewiss ist der Höhepunkt seines Lebens. Sie weisen ihm einen Platz an ihrer Seite zu und er erzählt ihnen die ganze glorreiche Geschichte. Er präsentiert Indianer, exotisch-bunte Tiere und natürlich das Gold. Die Goldpröbchen, wie er betont. Die Augen der Majestäten leuchten, sie lachen und jauchzen, überall ist Pracht und Seligkeit. Welcher Sterbliche hat je einen solchen Tag erleben dürfen?

Wie konnte passieren, was dann passiert ist, denkt Kolumbus. Wie kann das sein? Er hat die Stelle erreicht, wo eine Sandzunge bestimmt 30 Meter ins Meer ragt. Näher kann man ihm trockenen Fußes nicht kommen. Warum stehe ich, der Vergötterte, jetzt hier wie der einsamste Tropf auf der weiten Welt? Ist das gerecht? Wie kann es sein, dass ich, der theoretisch unermesslich Reiche, froh sein muss, wenn ich heute noch ein Stück gegrillte Baumratte erheischen kann? Ist denn die Welt verrückt? Oder anders gefragt: Ist das Gerücht, das er seinen Leuten so übel nimmt, schlicht und ergreifend wahr? Lassen sie ihn hier verrotten? Ist der Schiffbruch des Admirals des Ozeanischen Meeres für Spanien ein glänzendes Geschäft?

Christoph Kolumbus tut, was er einen großen Teil seines Lebens getan hat: Er schaut hinaus auf das Meer. Auf das leere Meer. Müde und lustlos rollen ein paar flache Wellen an. Über dem Wasser türmt sich die Hitze. Kein Schiff nirgendwo. Niemand kommt, ihn abzuholen. Er seufzt und seufzt noch einmal, tief und lange. Hier darf er das.

Als er zurückgeht zu den Wracks und den erbärmlichen Palisaden, hinter denen ihn seine hungernde, zweifelnde, quengelnde Restmannschaft erwartet, spürt Kolumbus wieder den Schmerz im Rücken und in den Beinen. Er krümmt sich, er schleppt sich voran, er japst und muss immer wieder stehen bleiben, weil ihm schwarz vor Augen wird. Wenn jetzt doch ein Indianer einen Pfeil abschießen und ihn dieser Pfeil treffen würde – wär's nicht ein Geschenk? Jedenfalls wäre es ein halbwegs ehrenhafter Tod für einen großen Entdecker. Viel besser, als zu verhungern, als elend an einer Baumrattenvergiftung zu verenden, von den Meuterern oder gar den eigenen Männern massakriert zu werden.

Seltsam, denkt Kolumbus, das Gleiche habe ich gestern an derselben Stelle gedacht. Und vorgestern auch. Schrecklich. Diese elende Lage zermürbt mich. Diese Ödnis. Den Rest des langen, heißen Tages werde ich damit zubringen, meine Männer aufzurichten. Die Frage ist aber: Wer richtet mich auf?

II

Kolumbus hat ihn nicht entdeckt, doch der Anführer der Inselbewohner – der Einfachheit halber wollen wir ihn den Kaziken nennen – steht schon lange da im Schatten und Schutz eines mächtig grünen Baumes. Er schaut hinab in die Bucht, auf den weiten Bogen grellgelben Sands und auf das seltsame Lager der Eindringlinge. Sie haben die beiden großen Boote, mit denen sie übers Meer gekommen waren, ein Stück weit den Strand hinaufgezogen und drum herum ein paar Zäune aufgebaut. Das ist schon eine ganze Weile her. Seitdem sitzen sie auf den Booten oder um die Boote herum, fressen, saufen und streiten sich. Ein höchst seltsamer Haufen. Ein verwahrloster Haufen. Wären die Umstände anders, politisch betrachtet, hätte Ameyro seinen Männern längst den Befehl gegeben, diese Eindringlinge zu massakrieren oder zurück ins Meer zu jagen. Aber ein Anführer ist auch Anführer, weil er bedenken muss, welchen Einfluss sein Tun auf Zukunft und Wohlstand seiner Schutzbefohlenen hat, und außerdem bietet alles Neue immer auch eine Chance, und diese verwahrloste Bande ist tatsächlich etwas Neues. Wie er diese Chance für sich und sein Volk nutzen kann, weiß Ameyro immer noch nicht. Darum steht er hier, beobachtet und wartet ab.

Das Holz der Boote ist löcherig wie die Luftberge von Casmeme, einem beliebten Ausflugsziel seines Volkes. Ameyro denkt, wenn er die traurig schiefen Boote sieht, dass sie jeden Augenblick zusammensacken müssen, einbrechen, weil selbst die Luft für sie zu schwer geworden ist. Der krumme alte Mann mit den verfilzten Haaren und den schlechten Zähnen, der den seltsamen Haufen Fremdlinge anführt, hat ihm schon oft erzählt, ein winziger Wurm habe das Holz zernagt, die Boote sozusagen aufgefressen, und sie hätten gar nichts dagegen tun können. Furchtbar sei das, grausam, ein winziger Wurm zerstöre große Taten und mächtige Reiche, ein winziger

Wurm verwandle stolze Eroberer in elende Wasserschöpfer, die verzweifelt versuchen, das Meer schneller aus dem Boot zu kippen, als es durch die Wurmlöcher wieder einströmen kann. Der alte Mann schaute wichtig, er hob den Kopf und verdrehte die Augen, als höre er eine Botschaft aus der Luft. Dann sah er aufs Meer und seufzte laut. Ameyro verstand: Der Alte wäre viel lieber da draußen auf dem Meer, wo es für ihn offenbar Wichtiges zu erledigen gab. Doch Boshaftigkeit und Gefräßigkeit eines winzigen Wurms hatten ihn auf diesen Strand geworfen.

Wegen des Wurms waren die Weißhäutigen hier. Sie hatten es mit den zernagten Booten nicht mehr bis dorthin geschafft, wo sie eigentlich hinwollten. Das war, wie der verfilzte Alte erklärt hatte, eine andere Insel, gar nicht so weit weg, dort lebten schon viele von seinesgleichen, lauter Weißhäutige also. Sie hätten große Siedlungen aus Stein gebaut und von jener Insel aus würden regelmäßig riesige Boote weit übers Meer fahren, sehr, sehr weit, bis in die Heimat der Weißhäutigen. Von dort kämen die Schiffe dann wieder zurück, vollgepackt mit weißen Leuten. Es gab wohl Weißhäutige wie Sandkörner an diesem Strand. Sie würden auf der Insel weitere Siedlungen aus Stein bauen, und so weiter und so fort. Besagte Insel gehöre übrigens den Weißhäutigen, genauer: zwei besonders wichtigen von ihnen, einem Mann und einer Frau, Majestäten genannt. Selbstverständlich gehöre auch Ameyros Insel besagten Majestäten. Alle Inseln im weiten Meer gehörten den Majestäten. Sonnenklar sei das, und alle, die weiter auf den Inseln leben wollten, sollten besser anfangen, an einen gewissen Erlöser zu glauben, sollten sich hinknien und ihn anbeten und ansonsten ihre neuen Herren unverzüglich, freudig und reichlich mit Brot, Fleisch und Fisch versorgen.

Als der schmutzige alte Mann das alles erzählte, umringt von anderen ungewaschenen, stinkenden, abgemagerten, erbärmlichen Eindringlingen, da hatte Ameyro lachen wollen. Dieser jämmerliche

Haufen floh in höchster Not vor dem sie langsam verschlingenden Meer auf seine prachtvolle Insel, um dann zu erklären, dass nicht sie die Bittsteller seien und Ameyro der Herr, sondern andersrum. Eine Unverschämtheit. Doch der Häuptling lachte nicht. Die Lage war dann doch zu ernst.

Das ist das Problem: Obwohl – im Grunde unverzeihlich – der Alte mit dem Kaziken zu reden wagt wie mit einem Deppen, ist doch viel Wahres daran. Ameyro weiß das, weil es ihm der Unberührbare erzählt hat. Es stimmt, auf jener Insel haben die Eindringlinge große Siedlungen gebaut. Die Menschen der Insel haben nichts mehr zu melden, so gar nichts mehr, sie werden verjagt, getötet oder gezwungen, beim Bau der Siedlungen zu schuften, bis sie umkippen. Sie müssen Löcher und Gänge in die Berge graben, tiefer und tiefer, um nach glitzerndem Gestein zu suchen. Tun sie es nicht, werden sie wie Tiere eingesperrt und geschlagen oder mit glühenden Stangen verbrannt. Arme und Beine werden ihnen abgehackt. Es ist barbarisch. Ameyro weiß auch, dass Buchten aus Stein gebaut wurden, in denen die großen Boote sicher ruhen. Immer mehr Weißhäutige kommen mit immer mehr Booten übers Meer. Der Weg ist wohl weit und gefährlich, aber sie schaffen es immer wieder, denn der Wind ist auf ihrer Seite und schiebt sie voran. Darauf zu hoffen, dass irgendwann keine Weißhäutigen mehr kommen, ist töricht und vergeblich. Jenseits des Meeres gibt es unzählige von ihnen. Das hat der Unberührbare erzählt, und er muss es wissen. Sie sind nicht zufrieden mit dem, was sie zuhause haben. Sie sind gierig und vollkommen rücksichtslos. Sie kommen und nehmen sich, was sie haben wollen, sie nehmen alles, und was der sagt, dem es eigentlich gehört, interessiert sie kein bisschen. Wenn er es nochmal sagt, wird er erschlagen. So sind sie, die Weißhäutigen. Wilde eben.

Damit ist klar, was Ameyro und seine Leute tun müssten. Sie müssten die vor Schmutz starrenden, ausgemergelten Jammergestalten mitsamt ihres Erlösers zurück ins Meer jagen. Ersaufen sollen sie dort. Doch ist, wie gesagt, die Insel mit den großen Siedlungen nicht sehr weit, und es gibt Weißhäutige ohne Ende. Was, wenn sie vom Schicksal ihrer Kumpane erfahren und auf neuen, nicht zerlöcherten Schiffen kommen, um sich zu rächen? Zimperlich sind sie nicht.

Ameyro sieht auf das schmutzige Lager der Eindringlinge. Nichts regt sich. Einige der Männer dösen im Schatten der Löcherboote. Das Feuer, über dem sie sich am Morgen irgendeine übel riechende Breipampe gekocht haben, ist erloschen. Hitze, Mücken, Mief und Langeweile. Vom Erlöser oder irgendwelchen Majestäten keine Spur.

So jämmerlich dieser Anblick ist: Ameyro als verantwortungsbewusster Anführer weiß durchaus einzuschätzen und zu würdigen, dass die Fremdlinge Dinge und Fähigkeiten besitzen, die er und seine Leute nicht haben. Ihre Boote sind viel größer als die Kanus, und sie müssen nicht paddeln, sondern lassen sich vom mächtigen Wind schieben. Das ist äußerst raffiniert. Sie kämpfen mit langen, harten, glänzenden Stangen, die viel schlimmere Wunden schlagen als die vergleichsweise harmlosen Messer von Ameyros Kriegern. Sie hüllen sich, wenn Gefahr droht, in harte Panzer, die aus einem unbekannten Stoff gemacht sind und Pfeile und Speere wirkungslos zersplittern lassen. Der Unberührbare hat zudem erzählt, sie setzten ihre Worte und sogar ihre Gedanken in einfache Zeichen um, sodass sie sie jederzeit wieder genau so sagen und denken und sogar andere Weißhäutige sie genau so sagen und denken könnten. So wüssten, nur so als Beispiel, Ameyros Urenkel noch, was Ameyro an genau diesem Tag unter diesem Baum über die Fremdlinge gedacht hat und zögen daraus ihre Lehren. Das ist wirklich phänomenal. Ein wahrer Fortschritt. Vor allem aber haben die Weißhäutigen schwere Rohre, die Feuer speien und mühelos riesige Bäume zerschmettern können, eine furchtbare Waffe ist das. Ameyro ist sicher, dass seine Männer diese Eindringlinge besiegen könnten. Sie würden nachts in das Lager schleichen und die Feuerrohre wegziehen, die genauen Angriffspläne sind längst gemacht. Doch dann kämen andere Weißhäutige, gewarnte, gepanzerte, die sich ihre Waffen nicht so leicht abnehmen ließen.

Ameyro ist ein verantwortungsbewusster Anführer. Ein Angriff wäre Unsinn. Die Weißhäutigen sind etwas Neues, ihre Ankunft ist für die Insel und ihre Bewohner ein ganz und gar einschneidendes, alles veränderndes Ereignis. Da fragt man sich: Warum geschieht das jetzt? Was hat das zu bedeuten? Bringt es dem Inselvolk einen Gewinn? Der Kazike nickt mit ernster Miene, als wolle er sich selbst zustimmen. Es sind Fragen, die eines großen Anführers würdig sind.

Seit Langem haben Ameyros Leute Ärger mit Caracoyas Sippschaft. Es ist kein offener Krieg, in dem man sich mit der Axt den Schädel spaltet und die Dörfer der anderen niederbrennt. Es ist komplizierter. Es ist eine Art missgünstige Dauerbelagerung, man gönnt den anderen nicht die Ananasscheibe auf dem Brot. Verständigung ist schwierig, weil Caracoya ein Hohlkopf und demzufolge auch nur von Hohlköpfen umgeben ist. Immer wieder sichten Ameyros Krieger einige der Hohlköpfe in Wäldern, die eindeutig Ameyro gehören, wo sie Wild jagen, das ihnen eindeutig nicht zusteht. Dann gibt es Schimpfereien und Rangeleien, das Wild freut sich und kann entkommen. Kürzlich hat einer von Ameyros Kriegern einem der Hohlköpfe ein Ohr abgehackt. Der ist jetzt ein Einohrhohlkopf. Klar ist, dass es irgendwann richtig krachen wird.

Nachdem er sich von der Nachricht der Ankunft und dem ersten Anblick der hässlichen Weißhäutigen erholt hatte, stellte sich Ameyro schnell die Frage: Wie können mir diese fremden Wesen im Kampf gegen Caracoya von Nutzen sein? Der Unberührbare hatte ihm ja erzählt, dass die Waffen der Weißhäutigen stark sind, und dann sah er sie mit eigenen Augen, die dicken Feuerrohre, die glänzenden Stangen und die unaufschlitzbaren Panzer. Das Meer hatte diese Fremdlinge in ihren zerfressenen Booten angespült. Doch der Kazike wusste nicht, was sie hier wollten und was sie tun würden. Darum hielt er es für klug, erst einmal den Primitiven zu spielen und so zu tun, als freue er sich über die paar billigen Glitzerperlen und darüber, dass seine Insel in Wahrheit irgendwelchen Majestäten gehöre. Er ließ die Weißhäutigen nicht am Strand verrotten. Er ernährte sie.

Zugegebenermaßen hatte Ameyro die kindliche Freude seiner Leute am Tauschhandel unterschätzt. Das war ein Fehler, der sich nur schwer korrigieren ließ und ihn auch einiges an Autorität gekostet hat. Einmal gaben sie für eines dieser neuartigen Messer zehn volle Körbe mit Brot, Fisch, Wildbret und Früchten – und wunderten sich dann, dass sie sich selbst hungrig schlafen legen mussten, während im Lager der Fremdlinge gefressen und gegrölt wurde, bis die Sonne wieder aufging. Das neue Messer ernährte sie nicht. »So geht das nicht«, schimpfte der Kazike, »diese Fremdlinge fressen uns noch die Wälder leer.« Bei seinem nächsten Treffen mit dem verfilzten alten Anführer legte Ameyro dann ganz neue Preise fest.

Der Anführer der Fremdlinge hat Augen, in die man hineinsieht wie in einen tiefen Waldsee. Er zeigte Ameyro eine glänzende Spange und fragte mit leiser Stimme, ob es so etwas, diesen glänzenden Stoff, auch hier auf der Insel gebe. Dabei blitzte etwas in den Augen des Alten auf, das Ameyro ganz und gar nicht gefiel. Etwas von einer Schlange. Der Kazike zögerte keinen Wimpernschlag lang und sagte, nein, so etwas habe er noch niemals gesehen, was das denn Schönes sei. Er wusste genau, dass alle, die eine solche Frage der Weißhäutigen je mit Ja beantwortet hatten, nicht mehr lange gelebt hatten. Der Unberührbare hatte es ihm gesagt. Schade, hatte der verfilzte Anführer erwidert, sehr schade, und war zurück zu seinen Löcherbooten gehumpelt.

Wenn sie dich nach diesem glitzernden Stoff fragen, dann hebe die Schultern und strecke den Arm augenblicklich Richtung Meer aus. Sag: Bei uns nicht, leider nicht, aber auf anderen Inseln, ja, da soll es ganze Berge davon geben. So haben wir es gehört. Ganze Städte sollen daraus gebaut sein. Fahrt einfach weiter. Das war ein guter Rat des Unberührbaren gewesen. Die Weißhäutigen sind vollkommen verrückt nach dem Zeug.

Noch immer regt sich nichts im Lager der Eindringlinge. Sie schnarchen im Schatten. Sie warten auf die Kühle des Abends, dann werden sie aus den Kümmerlichkeiten, die ihnen Ameyros Leute geliefert haben, irgendetwas zusammenkochen und gewiss ein paar Schlucke von jenem geheimnisvollen Trank nehmen, der sie lustig macht und tanzen lässt oder schimpfend und rauflustig. Eine komische Truppe, denkt der Kazike. Komisch und gefährlich zugleich.

Seit der Ankunft hatten wichtige Ereignisse stattgefunden. Zunächst paddelten zwei Weißhäutige mit einem voll bepackten Kanu aufs Meer hinaus. Das heißt, nicht einfach so, um zu fischen, vielmehr so weit hinaus, bis man sie nicht mehr sehen konnte. Sie kehrten auch am Abend nicht zurück. Sie kehrten überhaupt nicht zurück. Ameyro vermutet, dass sie versuchten, die Insel zu erreichen, auf der schon so viele Weißhäutige leben, was natürlich Unsinn ist, weil niemand mit einem Kanu übers große Meer paddeln kann. Ganz und gar unmöglich ist das. Gewiss ist das Kanu umgekippt und die beiden sind ertrunken. Manchmal jedoch, wenn er nachts in seiner Hütte wachliegt und über die verworrene Lage nachdenkt, fragt sich der Kazike, was wäre, wenn sie es doch geschafft hätten. Man muss als Anführer auch mal das Unmögliche denken. Wenn sie es geschafft haben, werden bald die großen Boote ohne Löcher zu sehen sein. Ein Grund mehr, die Weißhäutigen jetzt nicht zu massakrieren.

Nachdem das Kanu im Meer verschwunden war, warteten die Weißhäutigen zunächst. Ameyro nimmt an, sie warteten auf die rettenden Boote. Nichts geschah. Das Warten wurde von Tag zu Tag lauter. Sie stritten. Sie prügelten sich und zwei Mal hoben sie sogar die glänzenden Stangen, um sich gegenseitig zu bedrohen. Ameyro und zwei seiner Unterführer beobachteten das vom Rande des Waldes aus und dachten, dass sich die Weißhäutigen gleich gegenseitig massakrieren würden, was irgendwie auch eine Lösung gewesen wäre.

Sie schrien und stritten, aber sie massakrierten sich dann doch nicht. Vielmehr teilte sich der Trupp der Eindringlinge. Die Hälfte der Männer packte ihre Sachen und verschwand im Wald. Angeführt wurden sie vom lautesten Schreihals. Sie schleppten auch Kisten mit, die voll waren mit glitzernden Sachen, ähnlich jener Spange, die der gierige krumme Alte dem Kaziken gezeigt hatte. Offenbar war ihnen das schwere Glitzerzeug wichtiger als Essen und Trinken, was Ameyro nach den Erzählungen des Unberührbaren nicht mehr wirklich verwunderte. Seitdem hatte man von den abtrünnigen Weißhäutigen nichts Verlässliches mehr gehört. Es gibt allerdings Gerüchte. Gerüchte über üble Geschehnisse. Die Abtrünnigen sollen – wie gesagt: Gerüchte – Dörfer von Caracoyas Leuten überfallen und geplündert haben. Sie sollen etliche von Caracoyas Kriegern mit ihren schrecklichen Waffen aufgeschlitzt und die Frauen mit brutaler Gewalt genommen haben. Sollten die Gerüchte zutreffen, denkt Ameyro, dann wäre die Lage wieder eine vollkommen andere. Wahrscheinlich sucht Caracoya dann das Bündnis mit mir, damit wir gemeinsam diese Wilden besiegen und erschlagen können. Andererseits wäre das auch eine gute Gelegenheit für mich, den geschwächten Hohlkopf Caracoya massiv anzugreifen, ihn zu besiegen und dann der einzige Kazike der Insel zu sein. Der allmächtige Kazike.

Was sind das für Zeiten, denkt Ameyro. Was sind das doch große und weitreichende Entscheidungen, die ich, der Anführer meines

Volkes, zu treffen habe. So lange Zeit, jedenfalls so lange, wie sich die Ältesten erinnern können, ist auf der Insel so gut wie nichts passiert. Mal ein Sturm, mal ein kleines Scharmützel unter Nachbarn, aber sonst nichts. Und jetzt geschieht alles auf einmal. Jetzt, da ich der Entscheider bin.

Auf dem Pfad zwischen den zernagten Schiffen und dem Meer steht der kränkelnde Anführer der heruntergekommenen und inzwischen halbierten Truppe. Ameyro sieht, dass es ihm nicht gut geht. Er steht schief und krumm, die rechte Schulter hat er bis zum Ohr hochgezogen. Es geht ihm oft nicht gut. Wahrscheinlich hat er Schmerzen. Wenn ihr Verhältnis ein anderes wäre, ein besseres, wenn sie Freunde wären, würde ihm Ameyro seinen Medizinmann schicken. Der würde den Leidenden ruckzuck wieder gesundmachen. Der Heiler bewirkt mit seinen Wurzeln, Kräuterchen, Salben und Süppchen immer wieder wahre Wunder. Aber so? Nein, soll er leiden.

Der Alte steht am Strand und schaut zum Wald hoch. Eigentlich schaut er direkt zu Ameyro hin, sieht ihn aber nicht. Er hat eben kein Entdeckerauge. Er steht völlig ungeschützt. Ich könnte ihn ohne Mühe mit einem Pfeil treffen, denkt der Kazike, und dann durchfährt ihn ein seltsamer Gedanke, nein, eher ein Gefühl. Ein Gedanke, der auf der Haut kribbelt. Genau das will der Alte. Dass ich ihn in diesem Augenblick töte. Dass ich ihn von seinen Schmerzen befreie und von der Bürde, Anführer dieses verlorenen Haufens zu sein. Wahrscheinlich hat er ein ungleich besseres Leben verdient, oder glaubt es zumindest. Wahrscheinlich wäre er selbst gerne so eine Majestät. Doch er ist verfilzter Herr zerfressener Boote, die schwach auf schmutzigem Sand stehen, statt stolz das Meer zu befahren, heilloser Anführer einer wüsten Meute unzufriedener Krieger. Unter all den Unzufriedenen ist er der Unzufriedenste. Der Häuptling wendet sich ab und geht ein paar Schritte in den Wald hinein. Er denkt: So weit darf es nicht kommen, dass ich Mitleid fühle für meine Feinde.

III

Beine und Rücken schmerzen höllisch, die Sonne sticht. So gerne würde sich der Entdecker für eine oder zwei Stunden hinlegen und ausruhen. Zurück bei der Capitana, sieht er sofort, dass daraus nichts wird. Drei Kerle lungern beim Schiff herum. Sie schauen brav nach unten, scheinen devot, doch Kolumbus weiß aus viel Erfahrung: Das täuscht gewaltig. Denn immer mal wieder heben sie die Köpfe, überfallartig blitzen ihre Blicke zu ihm hinüber. Ja, es sind Blicke wie Blitze. Verdruckst und zugleich hasserfüllt. Sie möchten ihn morden, trauen sich aber nicht. Immerhin ist er der Admiral des Ozeanischen Meeres. Er hat offiziell den Ozean besiegt und den Weg nach Indien gefunden. Seinetwegen haben sich Königin und König von ihren Thronen erhoben. Wenn es doch noch eine Rettung geben sollte, einen Weg zurück nach Spanien, wäre es gewiss ungünstig, diesen Mann erschlagen zu haben.

»Herr, ich muss Euch sprechen«, sagt einer der Kerle und wagt es, ihn fordernd anzusehen. Kolumbus kann sich an ihn erinnern. Er ist ein Matrose aus Palos, und das bedeutet: per se ein besonders schwieriger Fall. Die Leute von Palos glauben, dass in Wirklichkeit sie die Neue Welt entdeckt haben, nicht mit, schon gar nicht unter, sondern trotz Kolumbus. Eine höchst unangenehme Geschichte. In ganz Spanien erzählen sie, dass die Helden von Palos mit vollen Segeln vorausgeeilt seien und dieser gichtige Fremde aus Genua oder von sonst wo nur gebremst habe. Aller Ruhm, alle Ehre und alles Geld des Kolumbus stünden in Wahrheit Martin Alonso Pinzón, Kapitän aus Palos, zu.

»In Ordnung«, sagt Kolumbus. Langsam und unter großen Mühen klettert er die Leiter empor und schlurft übers Oberdeck zu seiner Hütte, der gewiss ärmlichsten Behausung, in der jemals ein Vizekönig ausharren musste. Während er den Verschlag öffnet und den Matrosen mit einem Schwenk des Kopfes hineinweist, schließt Kolumbus mit sich selbst die Wette ab, die er kaum einmal verliert. Ein kleines bisschen Spaß darf er sich bei diesen endlosen Mitarbeitergesprächen schließlich gönnen. Kolumbus wettet gegen Kolumbus, wie die erste Frage des Kerls lauten wird.

Drinnen ist es düster und stickig. Der Admiral des Ozeanischen Meeres zirkelt sich mühsam am Bett vorbei, um den Tisch herum und setzt sich auf einen der beiden Stühle. Den zweiten weist er dem Matrosen zu.

»Also?«

Erst einmal Schweigen. Auch das ist normal.

»Ich höre!«

»Herr, ich will von Euch wissen: Wie lange müssen wir noch auf dieser verdammten Insel bleiben?«

Kolumbus grinst. Wieder hat er die Wette gewonnen.

»Vier oder fünf Tage, denke ich.«

»Das habt Ihr vor vier oder fünf Tagen auch gesagt.«

»Wie ist dein Name?«

»Pablo, Herr.«

»Höre, Pablo: Ich weiß, du willst nach Hause Aber ich frage dich: Was willst du zu Hause?«

Der Seemann schnaubt respektlos. So eine dämliche Frage. »Ich will endlich meine Frau wiedersehen und meine Kinder. Sieben Kinder habe ich. Die brauchen mich.«

»Schau, Pablo«, sagt der Admiral ruhig, »du willst, dass es deiner Frau und deinen lieben Kindern nach deiner Rückkehr besser geht als bei deiner Abfahrt. Du willst mit Gold heimkehren. Du willst, dass alle dich bestürmen und einladen, damit du bei Wein und Braten von deinen Abenteuern erzählen kannst. Du willst in deiner Stadt der Held sein. Ist es nicht so? Ich gebe dir beides, Pablo: Gold und Ruhm. Da kann es doch auf ein paar Tage mehr nicht ankommen.«

»Geld und Ruhm sind mir inzwischen scheißegal«, mault der Familienvater Pablo. »Ich will bloß noch nach Hause.«

»Du bist Seemann, Pablo.«

»Ja.«

»Und du hast gewusst, dass wir nicht bloß zum Blumenpflücken nach Madeira segeln, oder?«

»Natürlich. Aber diese Reise ist so … so … schrecklich.«

»Warum?«

Der Matrose sieht den Admiral entgeistert an. Wie kann er so etwas fragen? Als sei er nicht dabei gewesen.

»Sag mir: Was ist so schrecklich?«

»Alles, einfach alles.« Verzweifelt rollt Pablo den Kopf hin und her. »Denkt doch alleine an die Stürme. Einmal hat es 28 Tage und 28 Nächte lang gestürmt. Wir haben ohne Pause Wasser geschöpft. Ohne Pause. Manchmal sind wir mitten im Schöpfen, im Wasser kauernd, eingeschlafen, für ein paar Minuten bloß, dann haben wir weitergeschöpft, um nicht wie die Ratten abzusaufen. 28 Tage und Nächte hatten wir Todesangst. 28 Tage und Nächte waren wir klatschnass.«

»Ich weiß, Seemann. Ich war auch nass.«

»Oder erinnert Euch an die schrecklichen Wochen an der dunklen Küste. Drohende Wälder, tiefe Wolken. Regen, nur Regen. Und Pfeile. Und Angst. Wir hockten hinter Bretterwänden, klatschnass natürlich, und schlotterten. Ein Kamerad hielt es nicht mehr aus. Er stand auf. Sofort fuhr ein Pfeil in seine Stirn. Er sah noch zu mir hinab, völlig ungläubig über das, was ihm da gerade widerfuhr, und kippte dann in den Matsch. Sein Blut schwappte in unsere Stiefel.«

»Ich hockte hinter derselben Bretterwand, Seemann. Die Pfeile galten auch mir. Ganz besonders mir.«

»Oder die Krokodile. Das war das Allerschlimmste. Diese Bestien im Schlamm, kaum konnten wir sie überhaupt sehen. In den

Nächten glühten ihre Augen. Rot. Mörderisch. Sie lauerten uns auf. Nicht bloß, weil sie uns fressen wollten. Weil sie uns quälen und genussvoll in Stücke reißen wollten, das war ihnen der wahre Höllenspaß. Wir waren um die Welt gesegelt, um von Panzerechsen gefressen zu werden. Rodrigo zerrten sie fort in die erbarmungslose Nacht. Wer seine Schreie hörte, wird niemals wieder ruhig schlafen können.«

»Ich hörte ihn auch schreien. Und ich schlafe schon lange nicht mehr.«

»Diese Reise ist ein Fluch.« Pablo windet sich auf seinem Stuhl. »Bei unserer Flucht von jener schrecklichen Küste sprang einer der Wilden auf mich zu. Er hob sein Messer. Ich hatte ein Ruder in meinen Händen und habe ihm damit den Schädel zerschlagen. Er fiel auf mich und ich mit ihm in den Schlamm. Sein zuckender Körper presste mich hinab wie in ein ekelig fauliges Grab. Fast wäre ich ertrunken in Schlamm und Blut. «

»Du bist aus Palos, Seemann?«

»Ja.«

»Ihr aus Palos glaubt doch, dass alles so einfach ist. Dass man einfach mit vollen Segeln losfahren kann, einfach drauflos, ohne Plan und Berechnung, und so Ruhm und Reichtum gewinnen wird. Jetzt siehst zumindest du, Mann aus Palos, dass es nicht so einfach ist. Dass auch Kolumbus nass ist bis auf die Knochen, tagelang, wochenlang, monatelang. Dass auch er mit Pfeilen beschossen wird, dass blutrünstige Bestien auch ihm auflauern und er noch wach ist, wenn alle anderen schlafen. Das wirst du in Palos erzählen, Seemann, bald schon wirst du das in Palos erzählen, während du in deinem schönen neuen Haus deine Gäste üppig bewirtest. Deine Frau wird dich bewundernd anlächeln und deine Kinder werden fröhlich im großen Obstgarten spielen.«

Pablo ist beeindruckt. Natürlich ist er beeindruckt.

»Du segeltest mit Kolumbus. Welch Glück, welch übergroßes Glück. Du segeltest mit Kolumbus.«

Es ist still in der muffigen Hütte. Noch vier oder fünf solcher Gespräche und es ist getan für heute, denkt der Entdecker. Gott sei's gedankt.

»Aber wir sitzen hier fest, mein Admiral«, sagt Pablo schließlich. »Niemand kommt, uns abzuholen. Wir sind verloren.«

»Wenn du so denkst«, sagt Kolumbus, »warum bist du dann noch hier? Warum hast du dich nicht mit dem Verräter Porras davon gemacht? Verrate es mir!«

»Weil …« Pablo zögert. »Weil …«

»Ich will gerne die Antwort für dich geben: weil du sehr genau weißt, dass du auf meiner Seite besser aufgehoben bist. Weil du weißt, dass ich eine Lösung finden werde. Dass wer mit mir ist, nicht verloren sein kann. Ich bin Kolumbus, Admiral und Vizekönig. Ich habe das Unmögliche gewagt und das Schicksal bezwungen. Ich bin der Mann, der den Weg in diese Welt gefunden hat. Ich habe es getan und niemand sonst.«

Pablo kann dem Admiral nicht länger ins Gesicht sehen. Verlegen starrt er auf die Tischkante.

»Méndez hat es geschafft«, sagt Kolumbus mit sanfter Stimme. »Sei ohne Furcht, Pablo. Ein Schiff wird kommen, um uns abzuholen. Morgen, übermorgen oder eben erst in fünf Tagen. Halte durch.«

Schweigen.

»Halte durch, mein Freund.«

Tatsächlich muss der Entdecker an diesem heißen Tag noch sieben derartige Gespräche führen. Sie ähneln sich alle. Interessanterweise tauchen die blutrünstigen Krokodile in allen Klagen auf, die Krokodile und auch die heimtückischen Pfeile aus dem Nirgendwo. Die scheinen die Männer am meisten beeindruckt zu haben. Die Zeit an der dunklen Küste war wirklich scheußlich, selbst für einen Mann wie Kolumbus, der schon so einiges erlebt hat. Aber immerhin haben sie dort endlich Gold gefunden. Nicht bloß ein paar Spangen oder dünne Armreife wie bisher, sondern üppig Gold, und das wird ihm sehr helfen, die Majestäten zu besänftigen. Die Hälfte des Goldschatzes haben die Meuterer weggeschleppt. Das ist zu verschmerzen. Die Männer können bezeugen, dass das Gold da war, und darauf kommt es an: dass es in dieser Welt sehr viel Gold zu holen gibt. Das ist entscheidend.

Natürlich ersehnt auch Kolumbus die Rückkehr. Er hat in Spanien noch so viel zu tun, so viel zu regeln. Doch einfach wird es nicht werden. Er ist am 11. Mai des Jahres 1502 in Cádiz mit vier Schiffen losgesegelt. Jetzt, im Februar des Jahres 1504, liegen die traurigen Wracks der beiden letzten Schiffe hier, auf dem Sand dieser elenden Insel. Er hat bei dieser Expedition alles Material und auch etliche Schutzbefohlene verloren. Er muss im Gegenzug etwas bieten. Er muss liefern. Er muss endlich Gold liefern. »Euer Dank muss Gold heißen«, hat der König ihm einst gesagt. Oder genauer: ihm befohlen. Er muss beweisen, dass die Neue Welt ein glänzendes Geschäft ist. Sonst wird seine Position unhaltbar.

Ruhm und Ehre sind sehr vergänglich. Der Jubel, der ihn nach seiner triumphalen Entdeckung empfing und quer durch Spanien trug, ist längst verhallt. Stattdessen quälen ihn Jammereien und Gemäkel. Keine Majestät erhebt sich mehr, wenn er den Raum betritt. Es ist im Gegenteil höchst diffizil und zudem frustrierend, überhaupt noch einen Termin bei ihnen zu bekommen. Dann sieht ihn vor allem Ferdinand, der König, höchst misstrauisch an, als sei er ein Gaukler oder Rosstäuscher oder Quacksalber, auf jeden Fall einer, der mehr Ärger bringt als Profit. Kolumbus, das Minusgeschäft.

»Wir erwarten Euren Dank, Admiral. Euer Dank muss Gold heißen.«

Kolumbus weiß, er müsste sich schonen, sonst kommen die Anfälle wieder. Aber nein, er will sich nicht schonen. Er darf sich nicht schonen. Nicht jetzt. Er hat ein sehr gutes Gespür dafür, wann es Redebedarf gibt und er dem keinesfalls ausweichen darf. Hätte er dieses Gespür nicht, hätte er auf der ersten Reise sein Ziel niemals erreicht. Spaniens große Entdeckung hätte es nie gegeben. Die Seeleute aus Palos hätten ihn auf halbem Wege nach Indien ins Meer geworfen, hätte er nicht gespürt, wann er wen wie bequatschen und besänftigen muss: Halte durch. Nur wenige Stunden noch, vielleicht einen Tag noch, dann werden wir Land sehen, glaube mir, ich bitte dich ... Auch heute wollen die Männer reden, und er muss ihnen zuhören, ihnen Mut zusprechen. Die Hälfte der Truppe hat gemeutert. Noch weniger dürfen sie keinesfalls werden. Was soll er sonst, nach der Rettung, in Spanien erzählen? Dass er, der Admiral und Vizekönig, nicht einmal die Autorität hatte, seine Männer auf einer sonnigen Insel bei vielleicht ausbaufähiger, aber keinesfalls kritischer Versorgungslage und angesichts manchmal beleidigter und störrischer, aber keinesfalls feindlicher Eingeborener zusammenzuhalten? Was gibt es Traurigeres als einen Eroberer, dem die eigenen Leute davonrennen? Außerdem: Je kleiner die Truppe, desto größer könnte bei diesem Ameyro die Lust werden, die Fremden doch noch ins Meer zu jagen. Dem Burschen ist nicht zu trauen.

Nachdem er den letzten Matrosen beruhigt und aufgebaut hat (»Halte durch, mein Freund«), tritt Christoph Kolumbus aus seinem Verschlag und schaut über die Bucht. Es ist bereits Abend, das Licht milde. In sanftem Rot rollen die Wellen heran und die Bäume jenseits des Strandes leuchten verheißungsvoll. Es ist eine beruhigende, versöhnliche Stimmung. Der Admiral tut drei ruhige, tiefe Atemzüge. Er möchte an etwas Schönes denken. An Befreiung. Er denkt an das Grün des Waldes, wie es strahlte, als sie die Insel anliefen, damals, an seinem großen Tag. Dem Tag der Entdeckung. Er sprang früh aus dem Boot, watete durch das warme Wasser in die Neue Welt, und in diesem Moment fielen alle Lasten von ihm ab. Alle Ängste, alle Anstrengungen und all die tief bohrenden Zweifel. Er hatte ja selbst nicht gewusst, ob es zu schaffen ist, ob die kleine Mannschaft durchhält, ob es da Land gibt oder sich stattdessen der Ozean vor ihm weiten wird in die Endlosigkeit, Unbezwingbarkeit, in des Seefahrers Hoffnungslosigkeit. Doch dann, als er auf der anderen Seite der Welt ans Ufer watete, wusste er, dass alles wahr war. Dass er es geschafft hatte. Er hatte die Tat getan. Sein Herz wurde ihm so leicht, als wolle es davonfliegen, hinein in das Versprechen des Waldes. Kolumbus denkt: Vielleicht hat niemals ein Mensch gefühlt, was er in diesem Augenblick fühlte.

Der Entdecker möchte von diesem strahlenden Tag schwärmen. Aber nicht vor jemandem, der nörgelt oder zweifelt oder sogleich damit beginnt, Kosten und Nutzen gegenzurechnen. Er möchte es jemandem erzählen, der die Insel so sehen will, wie er sie an jenem verheißungsvollen Morgen gesehen hat, und der über das Wunder staunen kann, wie er damals gestaunt hat. Ja, das täte jetzt gut. Er möchte es erzählen, wie man es einem Kind erzählen würde.

»Wo ist Tejo?«, fragt der Admiral.

»Ich sehe mal nach«, sagt der dauerschläfrige Matrose Jorge und schleicht davon.

Der Junge wird mich verstehen, denkt Kolumbus. Er hat diese großen, klaren Augen. Augen, die Wunder sehen wollen.

Tejo rennt auf den Admiral zu. Er trägt nur eine kurze, zerschlissene Hose. Der Oberkörper ist dürr und tief gebräunt, das Haar wuschelig und wirr.

»Wo warst du, Tejo?«

»Im Wald, Herr, Holz sammeln für den Abend.«

»Aber du weißt: nie tief hineingehen in diesen Wald und nie ohne Waffe«, sagt der Admiral mit tiefer Stimme und fürsorglich übertriebener Strenge. »Ich traue diesen Wilden nicht.«

»Keine Sorge, Herr.«

Kolumbus schaut Tejo in die Augen und weiß im selben Moment, dass er seinen Plan vergessen kann. Er wird heute nicht von seinem wundervollen ersten Blick auf die Schönheit jener jungfräulichen Insel erzählen können. Tejos Augen sind nicht groß und klar wie sonst. Sie sind trübe und traurig.

»Bedrückt dich etwas, Tejo?«

»Nun, Herr …«

»Du kannst es mir ruhig sagen. Du weißt, ich verstehe dich.«

»Du hast einen scharfen Blick, Herr. Es stimmt, ich bin traurig heute.«

»Aha. Und warum?«

»Weil sich alles so entwickelt hat. So ins Schreckliche hinein.«

Du also auch, denkt Kolumbus. Jetzt wird mich auch der Schiffsjunge, dieser geliebte Schiffsjunge, gleich vollplärren von wegen Stürmen, Krokodilen, Hinterhalt und Pfeilen. Noch ein Krisengespräch. Irgendwie das traurigste von allen. Er fragt trotzdem: »Wie meinst du das?«

»Seht doch, lieber Herr: Wir sitzen hier und schimpfen und saufen und furzen. Wir streiten uns. So sehr streiten wir uns, dass wir uns fast gegenseitig erschlagen hätten. Ums Haar.«

Der Admiral horcht auf. »Du sagst also, was wir hier tun, ist falsch.«

»Ja, Herr. Ganz und gar falsch.«

»Und was sollten wir tun?«

»Das, wofür wir hierhergekommen sind.«

»Du meinst, wir sollten auf der Insel nach Gold suchen, statt hier unnütz rumzuhocken?«

Tejo sieht den Admiral verständnislos an. Da beginnt Kolumbus zu ahnen, was der Junge meinen könnte, und Scham fährt ihm heiß in die unwürdigen Glieder.

»Nein«, stammelt der Junge. »Nein, das doch nicht.«

»Es war nur ein Scherz«, lügt der Admiral. »Es tut mir leid. Bitte sage mir, was wir deiner Meinung nach tun sollten.«

»Das Wort Gottes verkünden«, sagt der Junge entschieden. »Allen Völkern und allen Menschen das Heil Christi bescheren. Dafür sind wir hergekommen.«

»Du hast Recht«, sagt Kolumbus. »Natürlich. Selbstverständlich.«

»Wir tun nichts. Überhaupt nichts. Wir reden nicht mal mit den Menschen. Und falls doch, versuchen wir, sie irgendwie übers Ohr zu hauen, ihnen etwas abzuschwatzen für ein paar Glasperlen. Kein Trick ist uns zu schäbig. Das ist nicht richtig.«

»Wir haben ihnen das Kreuz Christi gezeigt.«

»Das sind zwei zusammengenagelte Balken, wenn man seine Worte nicht kennt. Bloß zwei zusammengenagelte Balken.«

»Auf Hispaniola sind schon viele Wilde dem Glauben unserer seligmachenden Kirche beigetreten«, sagt Kolumbus streng.

»Und noch viel mehr wurden getötet«, erwidert der Junge mit wütender Stimme. »Ermordet im Namen Christi. Was für eine Sünde.«

Es ist fast dunkel. Der Admiral wendet sich ab und schlurft die paar Schritte bis zur Reling. Er sieht über die Feuer des Lagers hinweg zum Wald. Er seufzt. Jetzt hat er auch Gott und den Schiffsjungen gegen sich.

»Es tut mir leid«, hört er den Jungen leise sagen. »Ich hätte das niemals sagen dürfen. Ich verstehe doch gar nichts. Ihr habt den Plan, mein großer Herr. Ihr wisst, was gut und richtig ist.«

Nach einer Pause nochmals, leiser: »Es tut mir leid. Es tut mir leid, großer Herr.«

»Schon gut«, sagt Kolumbus matt und ohne den Jungen anzusehen. »Es ist gut. Geh jetzt zu den anderen und besorge dir etwas zu essen. Ich trage dir nichts nach.«

Kolumbus sieht auf das Meer im letzten Abendrot. Eigentlich wollte ich bloß da hinaus, denkt er. Bloß da hinaus. Weil ich glaubte, dass es hinter dem Horizont Ungeheures, Geheimnisvolles zu entdecken gibt. Ich wollte wissen, was hinter dem Horizont ist. Ich wollte der große Entdecker sein. Und jetzt ist alles so furchtbar kompliziert. Ich bin der große Entdecker. Aber immer mehr Menschen nehmen mir meine Entdeckung übel. Der König müsste mich auf Rosen betten. Stattdessen kann ich froh sein, wenn mir diese gierige Meute noch ein Stück Baumratte übrig lässt.

Weltgeschichte zu machen bedeutet oft bloß, nicht zu viel über die Weltgeschichte nachzudenken, denkt Kolumbus und stapft zu seiner Hütte zurück.

IV

Immer, immer ist ihm das Meer unheimlich. Selbst jetzt, da die Brise gefällig ist und die Wellen flach anrollen und harmlos scheinen. Er mag trotzdem nicht hinsehen. Er hastet die Reling entlang und der Kabine zu, den Blick stur auf die Holzplanken gerichtet.

Man muss sich das mal vorstellen: Zwischen ihm und dem sicheren schrecklichen Tod sind bloß ein paar Zentimeter Holz. Was für ein Wahnsinn! Kompletter Wahnsinn! Wenn dieses bisschen Holz bricht, sinken sie allesamt unrettbar hinab in die Unendlichkeit des Ozeans, um es mal so distanziert wie möglich zu formulieren. Tatsächlich werden sie alle schreien, nach Luft schnappen, panisch um sich schlagen und dann blau anlaufen und jämmerlich ersaufen. Oder Haifische schießen heran, um die Jammernden und Japsenden in Stücke zu reißen. So sieht es aus. Spanien liegt Hunderte von Meilen hinter ihnen, bis in dieses sogenannte Indien sind es auch noch Hunderte von Meilen. Hier ist nichts als Wasser. Falls er ausrutschen und über Bord fallen würde, wäre er so sicher verloren, wie die Nacht dem Tage folgt. Nach fünf oder zehn Minuten würden ihn die Kräfte verlassen, er würde zwischen den Wellen und dann unter den Wellen verschwinden. Oder er würde in einer letzten Steigerung des Entsetzens unter sich pfeilschnelle Schatten wahrnehmen, höllische Kreaturen, die sich ihm gierig nähern, die Mäuler mit den schwertscharfen Zähnen schon weit aufgerissen, um nach seinen Beinen zu schnappen. Entsetzlich. Entsetzlich! Er balanciert jede Minute zwischen Leben und Tod. Dass andere Menschen eine solche Schifffahrt besser aushalten, hat einen simplen Grund: Sie haben die Vorstellungskraft von Ochsen.

Amerigo Vespucci hat die Kabine erreicht und zieht die Holztüre hinter sich zu. Er kann von Glück sagen, dass ihm der Kapitän die Kapitänskabine überlassen hat. Es ist der schönste Raum des Schiffes. Wobei, das ist sehr relativ. Tatsächlich ist das eine Besenkammer, eng und düster. Hier also muss er den elend langen Rest des Tages verbringen und die noch längere Nacht. Oder genauer und schlimmer: noch so viele Tage und so viele Nächte, bis sie endlich Hispaniola erreicht haben. Beziehungsweise hoffentlich erreichen werden. In den Nächten kann er nicht schlafen. Er liegt pochenden Herzens auf diesem elend schmalen Bett, das ihm immer mehr wie ein Sarg erscheint, und horcht furchtsam in die Dunkelheit. Wird der Wind stärker? Kommt gar ein Sturm auf? Ein richtiger Sturm würde diesem winzigen Schiffchen sofort den Garaus machen und alle wären verloren. Blau anlaufend würden sie gegen den Untergang anstrampeln, vergebens, natürlich vergebens, und am nächsten Morgen wäre das Meer so scheinheilig und unschuldig glatt, als wäre nichts geschehen. Eklig. Wenn er wach liegt und nichts hört, ist ihm das auch unheimlich. Vielleicht, denkt er dann, hat sich in Spanien noch ein heimtückischer Holzwurm an Bord geschlichen, und der beginnt genau jetzt mit seinem Vernichtungswerk. Ganz gemächlich, er hat ja Zeit, frisst er die Planken auf. Erst merken die Menschen nichts. Dann sickert ein bisschen Wasser ein, dann mehr, dann strömt es. Aus Rissen werden Löcher, der Holzwurm rülpst triumphierend. Die Seeleute schöpfen Wasser aus dem lecken Schiff, sie schöpfen bis zur Ohnmacht. Aber sie haben keine Chance. Das Meer ist im wahrsten Sinne unerschöpflich. Sie alle sinken, blau angelaufen, hinab zum kalten, finsteren Grund. Der Schlaflose hält den Atem an. Vielleicht kann er den Holzwurm schon kauen hören.

Amerigo Vespucci reist nicht gerne, und schon gar nicht über Wasser. Aber er muss. Er zwingt sich. Wenn man will, was er will, wenn man als großer Entdecker gelten will, muss man sich gelegentlich in diesen sagenhaften neuen Ländern, in diesem sogenannten Indien blicken lassen. Man muss auch mal ganz vorne auf dem Schiff stehen und, von den Winden umweht, mutigen Blicks in die

Ferne schauen. Man muss auch mal ein Held sein. So wird das Spiel nun mal gespielt.

Vor drei Jahren hatte er es mit einem Trick versucht. Heldengleich und von vielen Honoratioren bejubelt ging er an Bord eines Schiffes, das im Morgengrauen Richtung Indien ablegen sollte. Er bestach die Mannschaft vom Kapitän bis hinunter zum Schiffsjungen mit viel Geld und schlich in der Nacht gleich wieder von Bord. Die nächsten Monate verbrachte er inkognito in einem Häuschen nahe Pisa bei edlen Speisen und Getränken, doch in steter Furcht, der Expedition könnte etwas zustoßen. Dann hätte er ein echtes Problem gehabt – mein Herr Vespucci, wo kommt Ihr denn her? Vom sicheren Land aus ging er auf Abenteuerreise und schrieb bei Fasanenbraten und Rotwein über Seeungeheuer, blutrünstige Riesen, stets kopulationsbereite Indianerinnen und einiges mehr, was die Menschen, die ein Leben lang nicht von ihrem Acker wegkommen, eben gerne lesen oder erzählt bekommen. Man ist als Entdecker irgendwie ja auch Unterhalter. Jedenfalls war er rechtzeitig zur glücklichen Rückkehr des Schiffes wieder in Cádiz. Trotzdem drangen Gerüchte, er sei bei seinen Abenteuern gar nicht dabei gewesen, sogar bis in einige Adelspaläste vor. Schlimm. Man kann niemandem mehr trauen.

Vespucci weiß: Kolumbus reist gerne. Er liebt es, am Bug des Schiffes zu stehen und weit über das Meer auf den Horizont zu schauen. So, als müsse jede Sekunde etwas völlig Neues, Unbekanntes dort vorne auftauchen. Kolumbus ist eben ein Ochse. Ja wirklich: Er könnte es sich jetzt gemütlich einrichten. Er könnte, würde er nur ein bisschen geschickter mit den im Grunde gnädigen, inzwischen allerdings äußerst gereizten Majestäten verhandeln, im sicheren Spanien große Ländereien erhalten und ein weiß leuchtendes Schloss. Dort könnte er Fasan essen und edelsten Wein trinken und sich mit seinen Mätressen verlustieren. Stattdessen ist er stur, händelt ohne Unterlass mit den Majestäten und ist vor einiger Zeit wieder zu einer Reise, seiner vierten, in das sogenannte Indien aufgebrochen. Er wolle jetzt endlich die Schätze des Großkhans erobern und nach Spanien bringen. Er wolle beweisen, dass er, Kolumbus, der große Entdecker, Recht hat. Dass es in Indien Städte gibt, die aus purem Gold gebaut sind. Ein Ochse eben. Jetzt hockt er statt auf einem Schloss wieder auf einem verlausten Schiff, statt nach Lavendel duftender Mätressen rücken ihm stinkende Seemänner auf die Pelle. Selbst schuld. Vielleicht ist er auch längst tot. Blau angelaufen und im Sturm ertrunken. Oder von seinen Indianern aufgespießt und geröstet, wer weiß. Das wäre auch eine Lösung.

Kolumbus sieht, wie man so schön sagt, den Wald vor lauter Bäumen nicht. Oder will ihn nicht sehen. Er ist stur. Viel sturer als er klug ist. Wo bitteschön sind die goldenen Paläste des Großkhans, die Marco Polo beschrieben hat? Wo ist das sagenhafte Land Cipango, wo die märchenhafte Stadt Quinsay? Warum hat noch kein Spanier den Großkhan getroffen? Schlimmer noch: Warum hat noch kein Spanier auch nur einen Untertan des Großkhans getroffen?

Er hingegen, Amerigo Vespucci, ist kein hirnloser Held oder Draufloseroberer. Er ist gelernter Buchhalter. Er braucht kein Schiff und keinen Blick aufs Meer. Er braucht ein trockenes Büro, Ruhe und ab und zu ein Gläschen Rotwein. Und Berichte, Beschreibungen, Dokumente. Und Zahlen, Berechnungen, je mehr, desto besser. Er rechnet und liest und schlussfolgert und weiß darum mehr als der Draufloseroberer da draußen auf stürmischem Meer oder in fiebrigem Urwald. Merke: Man kann zwar vor Ort, aber trotzdem blind sein. Amerigo Vespucci weiß, dass Kolumbus keinesfalls den Seeweg nach Indien entdeckt hat. Er ist vielmehr auf seiner Fahrt nach Indien auf etwas völlig Neues aufgelaufen. Auf vollkommen unbekannte Lande. Auf eine gigantische Landmasse. Auf eine Neue Welt. Diese unabsichtliche Entdeckung der Neuen Welt hat Kolumbus nebenbei bemerkt auch das Leben gerettet. Was den wahren westwärtigen Seeweg nach Indien betrifft, hat er sich absolut naiv und fahrlässig verrechnet. Wäre da nicht Land gewesen, dieses neue Land, er wäre in der Unendlichkeit des Ozeans elend zugrunde gegangen und seine arme Mannschaft mit ihm. Niemals wieder hätte die Welt von ihm gehört.

Er hat eine Neue Welt entdeckt und weiß nichts davon. Ich hingegen weiß es und spiele jetzt den Entdecker. Daraus lässt sich doch etwas machen.

Amerigo Vespucci braucht volle drei Tage, um sich von den Strapazen der Schiffsreise zu erholen. Immerhin ist das Zimmer, das man ihm, dem berühmten Entdeckungsreisenden, Bankier und Protegé der Krone, im Gouverneurspalast angedient hat, um einiges geräumiger und komfortabler als die elende Schiffskabine. Kein heimtückisches Meer unter ihm, nichts schwankt. Er schläft viel in einem breiten Bett, lässt sich zur Kräftigung Hühnersuppe servieren und ist erleichtert, hier keine Holzwürmer kauen zu hören. Am dritten Tag seines Aufenthaltes auf Hispaniola wagt er trotz der Schwäche einen kleinen Spaziergang durch die Stadt. Obwohl, Stadt ist schon sehr geschmeichelt. Santo Domingo besteht aus ein paar staubigen Gassen mit billigen Holzhütten und sehr wenigen Steinhäusern. Vespucci schmunzelt. In Spanien machen sich die meisten völlig falsche Vorstellungen von den prosperierenden Kolonien in der Neuen Welt. Prachtvoll ist hier gar nichts. Abenteuerlich übrigens auch nicht. Eher richtig schäbig. Vor den Hütten und Häusern sitzen ungepflegte und gelangweilte Siedler und schauen den Rekonvaleszenten missmutig, ja fast feindselig an, als sei er, Amerigo Vespucci, schuld daran, dass es sie an dieses elende Ende der Welt verschlagen hat. Es stinkt in den Gassen und es ist entsetzlich heiß. Bösartige Mückenschwärme umzirkeln ihn. Das also ist der Vorposten des großen katholischen Spanien auf einem neuen Kontinent, denkt Vespucci. Erbärmlich. Von hier aus wollen sie ein Imperium erobern und zu allen Menschen die Worte der Heiligen Schrift tragen. Lächerlich. Mit diesen Leuten? Trinker und Proleten sind das, erkennt Vespucci auf einen Blick, Gesindel. Das Kirchlein sieht jetzt schon ermattet aus.

Auch der Gouverneurspalast ist nicht das, was man anderswo, in der zivilisierten Welt, einen Palast nennen würde: ein breites, schmuckloses, zweigeschossiges Steinhaus mit, wie Vespucci gleich gehört hat, einem tiefen Keller, in den Gouverneur Nicolás de Ovando immer mehr Pöbler, Trinker, Deserteure und Taugenichtse einsperren muss.

Der Gouverneur hatte bisher keine Zeit für Amerigo Vespucci. Ein Beamter lässt ausrichten, Don Nicolás de Ovando sei sehr beschäftigt und derzeit sowieso nicht in der Stadt. Schon wieder ein Aufstand. Erneut führe der Gouverneur eine militärische Operation gegen aufständische Indianer an, das sei auf der Insel leider immer öfter von Nöten.

Ovando ist ein sturer Statthalter. Man kann auch sagen: ein harter Hund. Das ist gut so. Nach den Chaoten-Brüdern Christoph, Bartolomeo und Diego Kolumbus, die von Administration so viel Ahnung hatten wie ein Grottenmolch von der Käseherstellung, braucht Hispaniola dringendst einen, der Recht und Ordnung durchsetzt – das Recht und die Ordnung ihrer katholischen Majestäten. Ja genau, das bedeutet Arbeit, auch mal kleinteilig, bedeutet abwägen, rechnen, studieren, debattieren, durchsetzen. Selbstverständlich hat Christoph Kolumbus auf so etwas keine Lust. Was hat er auf Hispaniola denn zuwege gebracht? Nichts. Weniger als nichts. Die beschämende Bilanz eines Bankrotteurs. Es gab Blutbäder mit den Eingeborenen, fürchterliche Gemetzel und andauernd Streitigkeiten mit dem Adel, deren üble Schwaden über den Ozean zogen und das Klima in Spanien, ja sogar bei Hofe vergifteten. Als er nach seiner zweiten Reise mit heillos überladenen Schiffen in Cádiz anlegte, waren seine Begleiter in einem Zustand, dass jeder, der sie zu sehen bekam, augenblicklich den heiligen Schwur tat, niemals dieses verfluchte Indien ansteuern zu wollen. Ein Blick genügte vollkommen. Möge man versprechen, was man wolle: niemals, niemals Indien! Sie waren alle gelbgesichtig, der Glanz ihrer Augen erloschen, Gerippe, mehr tot als lebend. Ein jammervolles Häufchen lebender Leichen wankte da von Bord. Zwei Spanier, so erzählte man sich, seien während der Überfahrt erschlagen und von ihren Kameraden verspeist worden.

Der Ochse Kolumbus, denkt Vespucci, hat zwar auch die Insel Hispaniola entdeckt. Aber er hat keine Ahnung, was er mit dieser Entdeckung anfangen soll. Entdecken ist wirklich der leichtere Teil. Aus der Entdeckung etwas Ordentliches zu machen, etwas, das Bestand hat, auf das man aufbauen kann, das Nutzen bringt, Früchte trägt, das ist die wahre Herausforderung. Dazu braucht es Männer wie Ovando. Sie sind vielleicht nicht charismatisch, nicht heroisch. Sie haben keine glasigen Augen, nicht diesen Himmelsblick und keine Visionen. Aber sie tun, was getan werden muss. Sie kümmern sich um Zahlen, Aufstellungen und Kalkulationen, berechnen benötigte Erntemengen oder Holzbedarf, statt einfach irgendwie drauflos zu entdecken, eine Fahne in den Sand zu rammen und verantwortungslos möglichst schnell weiterzusegeln. Buchhalter sind die wahren Helden der Geschichte, denkt Vespucci, und wer rechnen kann, der muss sich nicht die Nase abschlagen lassen.

Am Ende seines sechsten Tages auf Hispaniola, es dunkelt bereits, wird Amerigo Vespucci zum Gouverneur gebeten. Ein schüchterner Diener führt ihn durch die angenehm kühlen steinernen Gänge in Nicolás de Ovandos Arbeitszimmer. Der Gouverneur sitzt an einem großen Holztisch und hat sich eben ein schönes Glas Wein einschenken lassen.

»Mein Herr Vespucci«, ruft er und winkt jovial den Gast durch die Weite des Raums heran. »Ich habe schon viel von Euch gehört. Habt Ihr die lange Reise gut überstanden?«

»Danke, ja.«

»Und fehlt es Euch an irgendetwas in meinem Palast?« Der Gouverneur hebt die Arme, als könne er mit dieser ausladenden Bewegung das Gebäude wachsen lassen.

»Danke, nein.«

De Ovando zeigt auf einen Stuhl ihm gegenüber. Der Gast soll sich bitteschön ungezwungen niederlassen. Etwas steif setzt Vespucci sich hin. Der Gouverneur nimmt gemütlich einen Schluck Wein, schmeckt ihn gründlich, ehe er ihn schluckt, und fragt: »Wie gefällt es Euch in unserem Santo Domingo?«

»Ich sehe Fortschritte«, antwortet der Gast. »Eindeutig.«

»Ach ja?«, schnalzt der Gouverneur. »Das ist schön, dass Ihr das so seht. Und sagt mir bitte, mein lieber Vespucci: Wie geht es zu im fernen Spanien?«

»Es sind unruhige Zeiten«, antwortet Vespucci. »Niemand weiß, was noch kommen wird.«

»Jaja«, sagt der Gouverneur gemächlich und nimmt einen zweiten Schluck Wein. Er ist ein etwas aufgeschwemmt wirkender Mann mit einem letzten dünnen Haarkranz unter einer glänzenden Glatze und gelblicher Gesichtshaut. »Ich sage Euch ganz ehrlich: Diese sogenannte Entdeckung ist in Wirklichkeit eine Heimsuchung. Ein Übel.«

Stille. Der Gouverneur winkt dem schüchternen Diener, damit dieser dem Gast endlich ebenfalls ein Glas Wein einschenke. Vespucci nickt dankbar.

»Wir übernehmen uns, mein lieber Vespucci. Wir übernehmen uns.«

»Wie meint Ihr das?«

»Um neue Inseln zu entdecken, braucht Ihr hier bloß mit dem Ruderboot abzulegen. Dutzende Inseln. Hunderte. Und dahinter soll das Festland sein. Ein riesiges Land.« Der Gouverneur breitet wieder die Arme aus und reckt den Kopf. »Riesig!«

»Ich weiß. Ich habe es gesehen«, lügt Vespucci.

Täuscht das Dämmerlicht im Zimmer, oder gleitet ein süffisantes Lächeln über Ovandos gelbliches Gesicht? Hat selbst er hier, am Ende der Alten Welt, von den Gerüchten gehört? Amerigo Vespucci, der feigste aller Entdecker, spürt Schameshitze in seinem Gesicht.

»Ich habe Euren Bericht natürlich gelesen. Sehr bildhaft, wenn Ihr mir die Bemerkung gestattet. Und interessant. Wahre Literatur.«

»Glaubt mir, es ist ein gigantisches Land. Noch kann kein Mensch auch nur ahnen, wo es beginnt und wo es endet.«

»Großartig«, bellt der Gouverneur. »Ganz großartig. Und wer, frage ich Euch, soll das alles verwalten?« Er schaut den Gast streng an, als habe der die schiere Größe der Landmasse zu verantworten. »Ich frage Euch, Vespucci: Wer soll all das erkunden, vermessen, befestigen, kultivieren, verteidigen, seine barbarischen Bewohner unterrichten und zudem zum wahren Glauben bekehren? Wer?«

»Spanien natürlich.«

Ovando lacht auf und schlägt mit beiden Handflächen auf den Tisch. »Spanien. Natürlich.« Er dreht die Augen nach oben. »Ich sage Euch, wir sind ja schon mit dieser Insel überfordert. Spanien ist weit, die Überfahrt lang und gefährlich. Erst kürzlich habe ich eine ganze Flotte verloren. Gesunken in einem höllischen Sturm mit Mann und Maus und allen Gütern. Ein entsetzlicher Verlust. Wir schaffen es gerade mal, ein Zehntel dessen, was wir auf Hispaniola zum Überleben brauchen, selbst herzustellen. Ein knappes Zehntel.

Gnädig aufgerundet. Die Indianer sind allesamt faul und lassen sich lieber erschlagen, als dass sie arbeiten würden. Bis vorhin war ich wieder auf einer Strafexpedition und habe Dutzende verbrennen lassen. Glaubt Ihr, das macht Spaß?«

Es ist jetzt fast dunkel im Arbeitszimmer des Gouverneurs. Der schüchterne Diener zündet Kerzen an.

»Und dann die Kosten«, regt Ovando sich weiter auf. »Ruinös. Diese Entdeckung ruiniert Spanien.« Er trinkt den Rest des Weins in einem Schluck. Der schüchterne Diener schenkt sofort nach.

»Ihr, mein lieber Vespucci, seid ein Mann der Zahlen. Ihr könnt sicher leicht errechnen, was allein der Transport dieser Karaffe Wein gekostet hat.« Er betrachtet den Wein im Glas mit Forscherblick. »So wird aus billigem Wein sehr teurer Wein, mein lieber Vespucci. Es ist ruinös. Ruinös!«

»Ihr seid aufgebracht«, sagt Vespucci in besänftigendem Ton. »Das ist nur zu verständlich. Ihr ward Tage im Sattel unterwegs, durch dichten, sumpfigen Wald musstet Ihr reisen, um Eure grausame Pflicht zu erfüllen.«

»Was meint Ihr?«, fragt der Gouverneur.

»Ich meine die Züchtigung und Bestrafung rebellierender Wilder«, antwortet Vespucci etwas verunsichert.

»Papperlapapp«, erwidert der Gouverneur in einer Mischung aus Überraschung und Verärgerung. »Ich verbrenne, wen ich verbrennen muss. Tagewerk.« Er beugt sich vor, seine Glatze glänzt im Kerzenschein. »Ich sage Euch nochmal: Diese Entdeckung wird uns ruinieren.«

»Aber es gibt Gold.«

»Gold?« Der Gouverneur lacht auf. »Wo denn? Sagt es mir. Was wir an Gold gefunden haben, reicht gerade, um unseren Bedarf an Haarbürsten zu bezahlen, und Ihr habt, wenn Ihr durch unsere armseligen Straßen gelaufen seid, gewiss gesehen, dass wir wahrlich nicht viele Haarbürsten brauchen. Ansonsten, abgesehen von den Haarbürsten, zahlen wir drauf. Wir ruinieren uns!«

»Aber Kolumbus hat ja erneut Segel gesetzt, um …«

»Bleibt mir bloß weg mit diesem Kolumbus!« Der Gouverneur ist in Rage geraten und aufgesprungen. »Der ist überhaupt der Allerschlimmste. Wäre er bloß fortgeblieben.«

»Er wird …«

»Was wird er?«, zischt der Gouverneur gehässig. »Ach ja, ich weiß: Er wird den Großkhan treffen und von ihm Schiffsladungen puren Goldes geschenkt bekommen. Einfach so, wie man das halt unter Freunden tut. Der Großkhan hat ja mehr als genug von dem Zeugs, er weiß gar nicht, wohin damit. Wenn Kolumbus nicht gekommen wäre, hätte er es wegkippen müssen. Zudem wird sich dieser Großkhan selbstverständlich der spanischen Krone unterwerfen, warum auch nicht, und glaubhaft versichern, künftig für alle Kosten in den unbekannten Landen zwischen ihm und den Majestäten aufzukommen. Und dieser Lande gibt es viele, offenbar sehr viele, denn wisset, Vespucci: Hier, auf diesen Inseln, hat noch niemand von irgendeinem Großkhan auch nur gehört!«

Dieser gute Gouverneur ist so zornig. Wie ein Wespennest, in das man bloß noch ein wenig zu stechen braucht. Amerigo Vespucci lächelt. Wunderbar ist das. Hier jedenfalls hat Kolumbus keine Lobby.

»Kolumbus hat das Vertrauen des Königs und der Königin«, sagt der Gast scheinheilig.

Der Gouverneur hat damit begonnen, den langen Holztisch zu umkreisen. »Hat er?«, ruft er weit von der Querseite her, »hat er?« Eine dreiviertel Tischumrundung später bleibt er dicht vor Vespucci stehen und schaut auf ihn hinab wie auf einen Schuljungen. »Ich sage Euch: Der König hält diesen sogenannten Admiral für einen ordinären Emporkömmling und Aufschneider. Für einen elenden

Spieler, der mal Glück gehabt hat und jetzt Dinge fordert, Privilegien, Besitztümer, Titel, die ihm nie und nimmer zustehen. Nie und nimmer!«

Der Gouverneur stoppt die nächste Runde bei seinem Glas, kippt den Wein mit einem Schluck und bricht wieder auf. »Wisst Ihr eigentlich, dass er vorletztes Jahr hier war?«

»Der König?«

»Kolumbus natürlich.« Ovando wirft Vespucci einen geringschätzigen Blick zu. »Der Herr Entdecker höchstpersönlich. Ich habe ihm den Zutritt zur Stadt verweigert, kategorisch. Wäre ja noch schöner! Einen Burschen, der hier alles zugrunde gerichtet hat, den Bankrotteur, auch noch einzulassen. Wisst Ihr eigentlich, mein werter Vespucci, wie es zuging, als dieser Herr Kolumbus, der Herr Admiral und Vizekönig, auf Hispaniola regierte?«

»Ich habe einiges gehört«, antwortet Vespucci vorsichtig.

»Versteht mich richtig: Ich habe nichts gegen eine harte Hand. Nichts gegen Blutbäder, wenn sie denn sein müssen. Wenn sie ihren Zweck erfüllen. Es muss ein Ziel geben. Eine Strategie. Unterm Strich muss ein Plus stehen. Doch bei Kolumbus …« Ovando wirft wieder die Arme in die Luft. »Nichts als Wirrwarr, Chaos, Vetterleswirtschaft. Am Ende wurden er und sein Bruder Bartolomeo, sein Bluthund, in Ketten abgeführt. Wo war ich? Ach ja: Natürlich habe ich ihn nicht mehr in die Stadt gelassen. Aber selbst seine schiere Nähe hat neues Unglück über uns gebracht. Am nächsten Tag lief unsere voll bepackte Flotte Richtung Spanien aus. Wie schon gesagt: Ein paar Stunden später sank sie in einem höllischen Sturm. Mit Mann und Maus und allen Gütern. Das ist der Fluch des Kolumbus.«

Der Gouverneur dreht eine letzte Runde um den Schreibtisch. Derweil füllt der schüchterne Diener das Glas erneut mit Wein. Ovando bleibt stehen, greift das Glas, säuft es leer, setzt es ab und setzt sich dann selbst. Mit einem Mal scheint seine Wut verbraucht oder ersäuft. Er sackt zusammen. Leise sagt er: »Die Sache ist zu groß. Ja: Die Sache ist zu groß. Der König wäre froh, wenn dieses neue Land niemals entdeckt worden wäre.«

»Wie könnt Ihr das sagen? Die Entdeckung dient dem Ruhme Spaniens!«

»Dem Ruine Spaniens! Wir könnten ein glückliches Land am Rande Europas sein. Ein paar Eroberungen in Afrika, ein paar Scharmützel mit Frankreich. Ein paar Städte gewinnen, ein paar Städte verlieren und so weiter. Gemächliches Auf und Ab. Der übliche Gang der Geschichte. Stattdessen müssen wir jetzt Großmacht sein – ohne überhaupt zu wissen, wie groß das Imperium ist. Angst und bange muss einem da werden, Vespucci. Und ich bin sicher: Dem König ist angst und bange. Wir Spanier sitzen fern der geliebten Heimat auf sumpfigen Inseln in dampfiger Hitze. Wir werden krank, wir siechen dahin. Oder wir werden von Indianern vergiftet, mit Pfeilen erschossen oder erschlagen. Es ist deprimierend.«

»Aber es ist, wie es ist«, sagt Americo Vespucci leise. »Was geschehen ist, lässt sich nicht rückgängig machen. Was entdeckt wurde, lässt sich nicht wieder verhüllen.«

»Aber es ist zu groß, Vespucci. Zu groß.« Der Gouverneur guckt aus trüben, müden Augen. »Wir müssen es eindämmen, sonst verenden wir an unserer eigenen Größe.«

»Eindämmen geht nicht«, antwortet Vespucci. »Dafür sorgt schon Kolumbus. Er ist süchtig nach Entdeckungen und Eroberungen. Nach Land, nach Gold, nach Ruhm. Er wird weiterziehen, und viele werden ihm folgen.«

Ovando stürzt das nächste Glas hinunter. Der schüchterne Diener rennt mit der Karaffe davon, um weiteren Wein zu beschaffen. »Verdammter Kolumbus«, blubbert der betrunkene Gouverneur. »Verdammter, hergelaufener, nichtsnutziger, verantwortungsloser Genuese. Emporkömmling. Ausländer. Spinner. Chaot. Bankrotteur!«

Amerigo Vespucci lächelt ein feines Lächeln und gönnt sich einen ersten kleinen Schluck Wein.

Es folgen vier weitere Abende mit dem Gouverneur. Sie zu beschreiben ist überflüssig, sie laufen alle nach dem gleichen Muster ab: die Klage, dass Spanien nun gezwungen werde, Imperium zu sein, ohne überhaupt zu wissen, wie groß das Imperium ist. Dass sich Spanien heillos übernehme. Dass die anfangs gepriesenen Entdeckungen Unsummen kosteten und nichts einbrächten. Dass diese Eroberung alles zerstören werde. Dass sich Spanien ruiniere. Gegen Ende dann, wenn Ovando die erste Karaffe Wein geleert und sich bei seinen Runden um den Holztisch warmgelaufen hat, die Schimpftiraden auf Kolumbus. Den Blender, den Emporkömmling, den Respektlosen, Verantwortungslosen, den Rosstäuscher und Hundsfott. Wenn die Königin nicht wäre, ruft der trunkene Gouverneur, die Königin, die aus irgendeinem unerfindlichen Grunde einen Narren an diesem ordinären Ausländer gefressen habe, dann würde der König den Unverschämten seinen bewährten Kerkermeistern überantworten, davon sei er überzeugt. Der König bekomme mittlerweile Pickel und Magenkrämpfe, wenn er bloß das Wort Indien höre.

Vertrauen muss wachsen. Nach jeder Schimpfkanonade gibt der sehr gute Zuhörer Vespucci dem Gouverneur ein bisschen mehr Recht. Während Ovando trinkt und schimpft und um den großen Tisch rennt, analysiert Amerigo Vespucci, dass hier ein an und für sich seriöser und gutwilliger Verwalter ganz offensichtlich die Angst vor der Überforderung abarbeitet, vor der eigenen Niederlage, dem Abgrund des Versagens. So einer braucht einen Vertrauten. Es kann gewiss kein Fehler sein, der Vertraute des Gouverneurs der spanischen Kolonien in Westindien zu sein.

Am fünften Tag bittet der Gouverneur Vespucci, mit ihm auszureiten. Von einer kleinen Eskorte begleitet, reiten sie durch die schmutzigen Gassen und sehen vom Pferderücken aus auf viel besoffenes Gesindel herab. Vor der Siedlung führt der Pfad an brachliegenden Feldern vorbei, auf denen letzte jämmerliche Getreidestängel verdorren. Die Männer, die sich hierherlocken ließen, die glaubten doch allen Ernstes, sie bräuchten nur den Arm auszustrecken, um die Hand prall voll mit Gold zu haben, erzählt Ovando. Es sei beinahe unmöglich, sie zu etwas Aufbauendem, Nützlichem wie Feldarbeit oder Viehzucht zu bewegen. Traurig sei das, sehr traurig. Im Grunde sei er der Gouverneur von Gesindel. Und es stimme ja: Wer sich nach all den Erzählungen über Giftpfeile, Gemetzel, Entbehrungen, Krankheit und Tod noch immer in dieses Fieberloch locken lasse, der sei eben dumm. Punkt.

Nahe der Flussmündung lässt Ovando die Eskorte zurück und trabt mit Vespucci auf eine kleine Anhöhe, von der aus sie gut auf Land, Stadt, Fluss und das Meer sehen können.

»Wisst Ihr, was meine Aufgabe hier ist?«, fragt Ovando unvermittelt, während er sich mit einem Tuch den Schweiß von Gesicht und Glatze wischt.

Die Frage verwundert den Gast. »Natürlich«, antwortet Vespucci.

»Sagt es mir.«

»Ihr seid der Gouverneur. Der Statthalter Ihrer Majestäten. Von ihnen erhoben und eingesetzt, um in ihrem Sinne und nach ihren Gesetzen zu handeln.«

»Exakt«, sagt der Gouverneur. »Ich bin hier, um im Sinne der spanischen Majestäten zu handeln. Das ist oft einfach, sagen wir: im Alltag. Da gibt es Regeln und Verordnungen, die in Spanien erlassen wurden und die ich hier, auf diesem Außenposten, durchzusetzen habe. Das ist meine Aufgabe. Manchmal ist es aber auch erschreckend schwierig. Diffizil. Höllisch diffizil.«

Amerigo Vespucci sieht den schwitzenden Gouverneur an. Er weiß nicht, worauf er hinauswill.

»Es ist diffizil, weil die Majestäten so arg weit weg sind. Nie kann ich sie nach ihrem Willen fragen. Stattdessen muss ich ihn irgendwie erahnen. Nehmen wir ein naheliegendes, praktisches Beispiel: Als ich diesem Kolumbus vorletztes Jahr den Zutritt zur Stadt verwehrte, handelte ich da im Sinne Ihrer Majestäten? Ich tat es, um Unruhe und Aufruhr von der Kolonie fernzuhalten. Ich tat es, um dem Mann, der auf dieser Insel so unsagbar viel verbockt hat, ein klares Signal zu setzen: Du hast hier überhaupt nichts zu melden, nichts zu bestellen, vergiss es, verpiss dich. Andererseits haben ihn die Majestäten mit dieser neuen Mission betraut. Sie haben ihm vier Schiffe gegeben und Mannschaften anvertraut. Sie dürfen also selbstverständlich erwarten, dass Kolumbus von jedem Spanier unterstützt wird. Von jedem Spanier und ganz besonders natürlich von ihrem Statthalter jenseits des Meeres. Immerhin ist Kolumbus Admiral und beansprucht nach wie vor unwidersprochen die Rechte eines Vizekönigs. Ich aber habe ihn nicht unterstützt, sondern wie einen Köter weggejagt.«

Ovando sieht Vespucci ins Gesicht. Ein paar Sekunden des Schweigens. Dann fragt er: »War das recht getan?«

»Ich denke ja«, antwortet Vespucci.

»Ihr denkt so und ich denke so. Trotzdem kann es sein, dass ich, wenn ich das nächste Mal vor den König und die Königin trete – Gott allein weiß, wann das sein mag! –, dass ich von ihnen wegen dieser Entscheidung schwer getadelt werde. Dass sie sagen werden: Wir sind enttäuscht von Euch, Ovando! Wie konntet ihr bloß! Unserem Ausgesandten, unserem großen Entdecker, unserem geliebten Admiral des Ozeanischen Meeres schroff die Tür zu weisen! Was für eine Peinlichkeit! Was für eine Unverschämtheit! Es kann sein, dass sie mich aus ihren Diensten entlassen. Oder dass ich ein Getreidehalmedurchzählamt irgendwo in der Mancha übernehmen muss, bei stark reduzierten Bezügen und noch schlechterem Wein. Ihr seht: Es ist nicht sicher, ob ich mir ein baldiges Wiedersehen mit den Majestäten wünschen soll oder ein nicht so baldiges.«

Wieder wischt sich der Gouverneur den Schweiß aus dem stark geröteten Gesicht. Das Klima scheint ihm wirklich nicht zu bekommen.

»Es wird noch diffiziler, mein lieber Vespucci. Es kann sein, dass Ihre Majestäten all das aus irgendwelchen politischen Gründen zu mir sagen, im Grunde aber meinen: recht getan, Ovando! Guter Mann! Für mich ändert das aber nichts. Meine Karriere endet im Getreidehalmedurchzählamt. Ich bin dann, wie sagt man? Das Bauernopfer.«

»Ja, es ist diffizil«, bestätigt Vespucci.

Ovando lässt sein Pferd ein paar Schritte gehen. Vespucci folgt. Wieder hocken sie nebeneinander auf ihren Pferden.

»Ich bin hier von Tölpeln umgeben«, sagt der Gouverneur. »Es reicht gerade für besagten Alltag. Aber wenn es diffizil wird, kann ich mich in diesem Niemandsland mit niemandem beraten. Ich muss alle diffizilen Entscheidungen alleine treffen.«

Er sieht Vespucci wieder an.

»Dass Ihr in dieser schwierigen Lage über den Ozean hierhergekommen seid, mein lieber Herr Vespucci, das kann kein Zufall sein. Ihr seid ein Mann von Welt. Ein Gelehrter und ein Entdecker. Ein Mann mit Überblick. Ihr kennt Europa und dieses sonderbare Indien. Ihr wisst um die Größe dieser Aufgabe. Von den Möglichkeiten und den vielen, vielen Fallgruben. Ihr seid den Majestäten begegnet. Und Ihr seid ein Mann der Zahlen. Ihr wisst um Gewinn und Verlust. Ihr könnt sauber abwägen. Ich brauche Euren Rat. Euren guten Rat.«

»Selbstverständlich werde ich Euch raten, wenn ich kann.« Eine kurze Pause, dann ergänzt Vespucci mit fester Stimme: »Es wird mir eine Ehre sein.«

»Als Freund?«

»Das wird mir eine noch viel größere Ehre sein!«

»Gut«, sagt der Gouverneur, »gut.« Er sieht über das glitzernde Meer in die Ferne. Noch einmal eine Pause. Ein Seufzer. »Es ist nämlich so«, sagt Ovando schließlich, »dass ich weiß, wo dieser elende Kolumbus ist. Und dass er in einer heiklen Lage ist. Ein Befehl von mir würde genügen, ihn und seine Männer zu retten. Ein kleiner Befehl nur.«

Vom Meer kommt eine elend warme Brise auf, die beide noch mehr schwitzen lässt. Vespuccis Pferd beginnt nervös zu tänzeln. Der Reiter merkt es kaum. »Was ist geschehen?«, fragt er.

»Während ich vor einigen Monaten wieder einmal auf einer Strafexpedition gegen aufmüpfige Indianer war – mein täglich Brot –, erreichten zwei Spanier Hispaniola. Stellt Euch vor: in einem Kanu. Sie waren doch tatsächlich in einem Kanu übers Meer gepaddelt! Dann haben sie sich durch den Dschungel gekämpft bis zu einem unserer Forts. Tapfere Kerle, das muss man fairerweise sagen. Und zäh. Der wortgewandtere der beiden, ein gewisser Méndez, erzählte mir, Kolumbus und seine Truppe seien auf der Rückfahrt vom Festland, das sie unzweifelhaft erreicht hätten, in allerhöchste Seenot geraten und hätten es mit zwei wurmzerfressenen Wracks gerade noch auf die Insel Chaymaka geschafft. Dort sitze der große Entdecker, der Admiral und Vizekönig, nun hilflos am Strand, umzingelt von vielen Wilden, die er kaum in Schach halten könne, und wenn er keine Hilfe bekomme, sei er gewiss verloren.«

»Hat er Gold dabei?«

Ein Grinsen im geröteten Gesicht des Gouverneurs. »Eure erste Frage, mein lieber Vespucci. Gut. Es war übrigens auch meine erste Frage an diesen Méndez. Nein, Kolumbus hat seinen Freund, den Großkhan, wieder nicht getroffen. Aber er hat trotzdem Gold gefunden. Sagt Méndez. Auf dem Festland. Es sollen etliche Kisten sein.

Aber das kann auch übertrieben sein. Oder vollkommen geflunkert. Seeleute eben.«

»Wo sind die beiden jetzt?«

»Der eine ist an Erschöpfung gestorben. Der zweite, dieser Méndez, sitzt in meinem Kerker. Er wurde fordernd, er wurde frech, da habe ich ihn einsperren lassen.«

»Wann?«

»Vor ein paar Wochen schon.«

»Und wozu das?«

Der Gouverneur wendet sein Pferd und reitet langsam die Anhöhe entlang. »Ich dachte, das sei Euch klar, mein Herr Vespucci. Weil ich nicht weiß, was ich tun soll.« Er sieht den Gast wieder an. »Ich bin der Statthalter Ihrer Majestäten. Aber ich weiß nicht, was in Ihrer Majestäten Sinn ist.« Er reitet langsam weiter, den Kopf gesenkt haltend, als kontrolliere er die Schritte seines Pferdes. »Wenn sie den Kolumbus los werden wollen, dann wäre das die beste Gelegenheit dazu. Die allerbeste! Ohne irgendwelchen Ärger, ohne Verfahren, Prozesse, ohne jedes Aufsehen, ohne üble Nachrede und sogar gratis. Er bliebe verschwunden. Er würde verrotten. Es wäre, als hätte der Ozean ihn verschluckt. Diese Gelegenheit wäre wahrlich ein Geschenk des Himmels!«

Wieder eine Pause. Dann: »Dazu brauche ich nur ein Einziges zu tun: gar nichts.«

»Und ansonsten?«

»Ansonsten gebe ich diesen einen klitzekleinen Befehl. Ich schicke ein Schiff und lasse Kolumbus abholen mitsamt seiner Meute. Dann geht alles weiter wie gehabt: Ansprüche, Streitereien, Forderungen, neue Entdeckungen, Überforderung, Überdehnung, Überschuldung. Dem König werden weiter die Pickel wuchern. Spanien wird weiter bluten. Kolumbus wird niemals Ruhe geben. Er ist stur wie ein Ochse.«

Amerigo Vespucci lächelt. Das stimmt, denkt er.

»Also, mein lieber Herr Vespucci, was ratet Ihr mir?«

»Es sind Spanier. Er ist eine Berühmtheit. Sie haben möglicherweise Gold.«

»Ich weiß. Trotzdem ist die Gelegenheit, die Komplikation Kolumbus ein für alle Mal unauffällig zu erledigen, absolut einzigartig und verlockend. Einfacher geht's nun wirklich nicht.«

Sie reiten jetzt wieder auf die Eskorte zu.

»Also, was ratet Ihr mir?«

»Bitte lasst mich mit diesem Méndez reden«, sagt Vespucci. »Dann will ich Euch meine Meinung sagen.«

Selbstverständlich braucht Amerigo Vespucci kein Gespräch mit irgendeinem Kanusportler, um sich seine Meinung zu bilden. Blödsinn. Seit jenem Moment auf der Anhöhe, als ihm der Gouverneur die gute Nachricht – ach was: die Jubelbotschaft! – kundtat, ist er euphorisiert. Das ist tatsächlich ein Gottesgeschenk. Für die katholischen Majestäten. Aber auch für ihn, Amerigo Vespucci. So soll es sein: Christoph Kolumbus wird aus der Geschichte verschwinden. Und Amerigo Vespucci wird seine Stelle einnehmen. Einnehmen und ausbauen. Nicht heute und nicht morgen. Aber übermorgen schon wird es losgehen. Gemächlich, aber unaufhaltsam. Wer weiß schon genau, wer wann was entdeckt hat? Erzählt wird vieles und oft steht Aussage gegen Aussage. Bloß wird Kolumbus' Aussage künftig wegfallen. Da wird sich so manches korrigieren lassen. In zehn, spätestens zwanzig Jahren wird man ihn vielleicht noch für einen unglücklichen Vorläufer der wahren Entdecker halten. Genauer: des wahren Entdeckers. Für einen zwar tapferen, schlussendlich aber erfolglosen Seemann, der sich in der Weite des Ozeans auflöste. Pech gehabt, Kolumbus. Diese Neue Welt jedoch, diese endlosen Lande wird man nach einem anderen benennen. Nach Amerigo Vespucci.

Er sieht, als der Kerkermeister die schwere Holztüre aufschiebt, zunächst nichts, dafür riecht er mehr als genug. Es stinkt entsetzlich in diesem dunklen Kellerloch Amerigo Vespucci greift nach seinem Taschentuch und presst es sich auf Nase und Mund. Er zögert, muss sich sehr überwinden, dann tritt er aufs Äußerste angewidert ein. Durch ein winziges Fenster, eher eine Scharte, fällt etwas schmutziges Licht in die Zelle. Allmählich erkennt Vespucci eine Pritsche und in der Ecke einen Eimer, mehr Einrichtung ist nicht. Auf der Pritsche sitzt ein dürrer Mann.

»Seid Ihr Méndez?« Eine zugegebenermaßen dumme Frage. Wer soll sonst da sitzen? Der Großkhan?

»Ja«, antwortet der Mann auf der Pritsche trotzdem.

»Ich bin gekommen, um mit Euch zu reden.«

»Schön, das freut mich. Ich habe nämlich sehr viel Zeit und sehr wenig Gesellschaft.«

Jetzt erkennt Vespucci, dass der dürre Mann auf der Holzpritsche eine Hose und ein an vielen Stellen zerrissenes Hemd trägt. Beides dunkelgrau. Er vermutet, dass sie in besseren Zeiten von heller Farbe waren. Der ausgemergelte Kerl starrt vor Schmutz. Eigentlich eine Unverschämtheit, einem tapferen Spanier, der zur Rettung seines Kommandanten Kolumbus ungeheure Wagnisse auf sich genommen hat, so etwas anzutun, denkt Vespucci. Freund Ovando kann schon auch grausam sein.

»Als Platz kann ich Euch leider bloß den Eimer anbieten. Aber seid gewarnt: Er riecht etwas.«

»Ich stehe lieber.«

»Wer seid Ihr?«

»Ich bin Amerigo Vespucci«, sagt der Besucher vielleicht eine Spur zu laut und zu selbstgefällig.

»Nie gehört.«

»Der Entdecker!«

»Trotzdem nie gehört.«

»Der Entdecker und Schriftsteller!«

»Verzeiht, ich lese wenig in letzter Zeit.«

Amerigo Vespucci räuspert sich unter seinem Taschentuch. In diesem Loch ist jede Sekunde eine Qual. Also zur Sache.

»Wie geht es Kolumbus?«

»Wohl, als ich ihn verließ«, antwortet Méndez. »Das ist allerdings schon Monate her.« Méndez hebt die schmutzverkrusteten Heldenarme. »Seitdem genieße ich die Gastfreundschaft des geschätzten Gouverneurs.«

»Kolumbus sitzt auf der Insel Chaymaka fest?«

»So ist es. Indianer umzingeln ihn. Und er muss seine eigenen Leute in Zaum halten. Meuterei liegt in der Luft. Der Admiral ist in größter Gefahr. Derweil gehen auf Hispaniola die Geschäfte gemächlich voran.«

»Ihr meint …«

»Ich meine«, sagt der Gefangene mit erstaunlich kräftiger Stimme, »dass der Admiral längst gerettet sein könnte. Längst gerettet sein müsste! Seit Monaten schon. Aber der Herr Gouverneur lässt uns verrotten. Ihn, den Admiral und Vizekönig, auf der Insel und mich in diesem Drecksloch. Unverzeihlich ist das. Unverzeihlich!«

»Ihr solltet …«

»Keine Ratschläge«, zischt Méndez. »Wagt es nicht! Sagt Ovando, dass er für diese Sauerei bluten wird. Mein Herr Kolumbus wird ihn zur Rechenschaft ziehen.«

»Aber Ihr sagt doch, Kolumbus sei auf einer Insel gestrandet und hilflos. Wie will er da irgendwen zur Rechenschaft ziehen?«

Der Gefangene lacht kurz und bitter auf. »Ihr seid ein Idiot, mein Herr … wie war nochmal der Name?«

»Vespucci.«

»Mein Admiral hat schon viel schwierigere Situationen gemeistert. Wir haben 28 Tage und 28 Nächte pausenlosen Sturms auf offener See überlebt. Wir steckten bis zum Hals im Schlamm und wurden von bösen Indianern und blutgierigen Krokodilen belagert. Wir kamen vom Kurs ab und schienen oft rettungslos verloren. Doch der Admiral hat immer eine Lösung gefunden. Alleine stellte er sich dem alles zerschmetternden Orkan entgegen. Ich habe es mit eigenen Augen gesehen. In einer Hand das Kruzifix, in der anderen das Schwert. So trotzte er dem Orkan, und der musste sich geschlagen geben.«

»So brauchen wir uns alle nicht zu sorgen.«

»Doch, Ihr müsst Euch sorgen. Ovando muss sich sorgen und Ihr auch, Vespucci, der Ihr offenbar sein Handlanger seid.«

»Ich bin hier, um Euch zu helfen.«

Wieder das kurze, bittere Lachen. »Helft Euch besser selbst. Lasst mich sofort frei und schickt noch heute ein Schiff los, um den Admiral und seine Mannschaft zu retten. Dann, vielleicht, wird Kolumbus verzeihen und Gnade walten lassen.«

Wenn die Komplikation Kolumbus final gelöst werden soll, dann muss auch dieser Méndez für immer verschwinden, denkt Vespucci. Ein ebenso tapferer wie dummer Mann. So einen kann man nicht nach Spanien zurückkehren und frei herumlaufen lassen. Da wird sich Freund Ovando etwas einfallen lassen müssen. Er fragt: »Habt ihr das Festland erreicht?«

»Ganz gewiss.«

»Was macht Euch so sicher, Méndez?«

»Weil dort Ströme in den Ozean münden, die so gewaltig sind, dass sie ein riesiges Land gesammelt haben muss. Viele Meilen breit sind diese Flüsse, unmöglich, von einem Ufer zum anderen zu schauen. Diese ungeheuren Wasser, die sich da dem Ozean entgegenwälzen, lassen ahnen, was da hinter den Nebeln warten mag.«

»Und habt Ihr Gold gefunden?«

»Ja.«

»Geht es vielleicht in ein paar Worten mehr? – Wo? Wie viel?«

Vespuccis Augen haben sich inzwischen so an das finstere Kellerloch gewöhnt, dass er das böse Lächeln im schmutzverkrusteten Gesicht des Gefangenen sehen kann. »Das«, sagt Méndez, »könnt Ihr ja bald Kolumbus selbst fragen. Ihr braucht ihn bloß abzuholen.«

Eine Minute länger in diesem Gestank mit diesem störrischen Gefangenen und ich werde ohnmächtig, denkt Amerigo Vespucci. Er klopft an die Holztüre.

»Ich bin sicher, die Majestäten wollen auch wissen, wo das Gold ist«, sagt Méndez noch. »Sie haben Kolumbus aufgetragen, ihnen Schätze zu bringen. Wird nun ausgerechnet der Statthalter der Majestäten den Kolumbus daran hindern, diesen höchsten Befehl auszuführen? Das wäre bestimmt nicht gut für den Statthalter.«

Eine gute Frage, denkt Vespucci. Und sie führt direkt zur nächsten Frage: Müssen wir – Freund Ovando und ich – tatsächlich diesen ebenso tapferen wie dummen spanischen Helden foltern lassen, um zu erfahren, wo das Gold zu finden ist, das wir dann den Majestäten präsentieren werden? Muss es denn immer so enden, mit Zangen, Riemen, Feuer und Gewalt? Ließe sich nicht eine schmerzfreie, vernünftige Vereinbarung finden? Einen schönen, ehrenvollen Posten für Méndez gegen ein paar geografische Angaben. Es könnte so einfach sein. Er will es zumindest versuchen.

»Wenn Ihr uns berichtet, wo Gold zu finden ist, wird das bestimmt nicht zu Eurem Nachteil sein«, sagt Vespucci. Demonstrativ sieht er sich in der Zelle um. »Es könnte Eure Lage mit einem Schlag verbessern.«

»Eigentlich seid Ihr keiner Antwort würdig«, antwortet der Dürre auf der Pritsche. »Zumal Ihr sie Euch selbst geben könnt: Glaubt Ihr, ich habe mit meinem Herrn, Kolumbus, all diese Abenteuer bestanden, glaubt Ihr, ich bin für ihn übers Meer gerudert, um ihn hier schnöde an seine Feinde zu verraten?«

»Nein«, sagt Vespucci. Es ist sein ehrlichstes Wort seit Langem.

Der Kerkermeister öffnet die Türe. Vespucci geht einen Schritt hinaus, macht dann aber zwei Schritte zurück, sieht noch einmal Méndez an und fragt: »Hat Kolumbus wirklich nie von mir gesprochen?«

»Niemals«, antwortet der Gefangene. »Niemals.«

V

Wenn er reisen will, braucht er nur die Augen zu schließen. Er ist wieder an Bord der Luisa, es ist wieder der Morgen des einen Tages. Ihres Tages. Sie gleiten durch smaragdgrünes Wasser. Langsam, gemütlich fast, aber unaufhaltsam. Ihnen ist, als sei alle Arbeit erledigt, als sei alles Schwere getan und das Leben von nun an ein schönes, reiches, unbeschwertes. Welch ein Irrtum, denkt der Traumreisende. Aber eben ein schöner Irrtum. Es ist doch gut, dass ich diese Momente erlebt habe. Sehr gut, dass es einmal tatsächlich so war: neu und unbeschwert. Sie lachten sich an. In diesem Lachen war nichts Falsches, da gab es keine Berechnung, keine Gier, keinen Neid, gar nichts. Es war das Lachen des Glücks und der Freundschaft, es waren wahrlich Momente der Reinheit. Vor ihnen lag die Insel. Riesige, sattgrüne Palmen wiegten in der frischen Brise, davor das Halbrund eines weißen Strandes. Sie jauchzten, sie fielen sich in die Arme. Sie hatten es geschafft. Gleich würden sie das kleine Boot aussetzen, ohne Hast zum Strand rudern und dann diese Neue Welt betreten. Ja, so einfach war das einmal gewesen, damals. So schön.

Der Mann, den sie auf der Insel den Unberührbaren nennen, öffnet die Augen und ist zurück in der Wirklichkeit. Er liegt auf den Polstern vor der Hütte und sieht in die ihm gut vertrauten Wipfel der hohen Bäume. Obwohl früher Morgen, ist es schon ziemlich warm. Er bewegt die linke Hand und schiebt die Decke etwas nach unten. Die linke Hand bewegen ist das Eine, was sein zerschmetterter Körper noch zuwege bringt. Das Andere ist, den Kopf leicht anzuheben und vorsichtig in alle Richtungen zu schauen. Vor sich, keine drei Meter entfernt, sieht er Mencia arbeiten, und wie an jedem Tag und zu jeder Stunde erfreut die Anmut ihrer Bewegungen sein Herz. Sie flicht etwas, eine Matte vielleicht, eine alltägliche Verrichtung, aber sie tut es mit so viel Eleganz, dass sie den Bewunderer stumm staunen lässt. Was wäre ich ohne sie? Wie wären meine Tage und meine Nächte ohne diese stete Freude an Mencia, ohne das nie endende Staunen über ihre Grazie, ohne die Neugierde auf das, was sie erzählt, ohne den Zauber ihrer Lieder? Ein Wurm wäre ich ohne sie. Weniger als ein Wurm. Unerträglich wäre mir dieses Leben. Ein Mann, der sich nicht bewegen kann. Der dazu verurteilt ist, in seinen eigenen Ausscheidungen zu liegen. Widerlich und unerträglich. So aber, mit ihr, hat auch dieses Leben seinen Wert und seine Schönheit. In stiller Dankbarkeit sieht er ihr zu.

Sie singt ein schönes Lied, sanft lächelnd und fröhlich. Wie gut, dass sie das einfach so tun kann, denkt der Unberührbare. Ohne Angst vor der Hölle haben zu müssen. Ohne dass ihr irgendein Priester predigt, derart schiere Freude sei nicht statthaft, nicht angebracht, und überschwänglicher Heiterkeit an einem Tag müsse unweigerlich Leid und Unglück am nächsten Tag folgen. Ein Unglück, das sie dann selbst verschuldet, sozusagen provoziert habe, weil jede Unbeschwertheit Gott zuwider sei. Dass sie schon mit einem Bein im Höllenfeuer stehe, weil sie zu wenig der Leiden Christi gedenke oder nicht bußfertig sei oder sich an einem heiligen Tag an geweihter Stätte statt statthaften Schluchzens zu lachen erdreistet habe. In Spanien wäre Mencia wohl eine verhärmte Frau, die ihren naturgegebenen Bewegungen misstraute und den Kopf stets gesenkt zu halten versuchte. Ein Jammer wäre das. Ein Verbrechen, ja.

Heute ist ein besonderer Tag. Ameyro und einige seiner Männer werden kommen, um ihn den weiten Weg durch die Wälder bis zur Küste zu tragen. So hat es sich der Unberührbare gewünscht. Er hat so viel gehört. Jetzt will er mit eigenen Augen sehen, was sich dort am Strand abspielt. Vor allem aber will er wissen, ob der Anführer der Eindringlinge, von dem der Kazike so viel erzählt, Christoph ist.

Mencia hat ihre Flechtarbeit niedergelegt, um nach ihm zu sehen. »Wie geht es dir?«, fragt sie.

»Gut.«

»Nicht zu warm? Soll ich die Decke wegnehmen?«

»Nein danke. So ist es angenehm.«

Sie greift einen Krug und füllt frisches Wasser in den Becher an seiner linken Seite.

»Du musst viel trinken, hat der Medizinmann gesagt.«

»Ich weiß.«

»Freust du dich auf den Ausflug?«

»Ja, sehr.«

»Ich werde den Tag nutzen, um die Hütte gründlich zu putzen. Und ein bisschen zu verschönern. Neue Matten habe ich schon geflochten. Du kannst dich auf deine Rückkehr freuen. Es wird alles sehr angenehm sein.«

»Ich freue mich jetzt schon.«

Sie lächelt.

»Und der Mann, der mit den großen Kanus übers Meer gekommen ist, ist tatsächlich dein Freund?«

»Ich weiß nicht. Wir werden sehen.«

»Und wenn er es ist, freust du dich dann?«

Der Unberührbare schweigt. Mencia sieht ihn fragend an.

»Freust du dich?«

»Nein.«

Er liegt auf den Polstern, schaut in die Wipfel und denkt an Christoph. An den Heißsporn mit den wilden dunkelblonden Locken. Wie er über die Insel Porto Santo fegte wie von hundert Teufeln gehetzt. Ein Unermüdlicher. Ein Unersättlicher. Ein Jüngling mit der Energie eines Rennpferdes. Täglich rannte Christoph zur Südspitze der Insel. Er beobachtete die Winde und die Strömungen. Er machte sich emsig Notizen, legte Tabellen an. Und er brachte fast jeden Tag etwas mit, ein Stück blanken Holzes, einen Ast, einen Tierkadaver, irgend so etwas. »Hast du jemals ein solches Tier bei uns gesehen?«, fragte er dann. »Oder einen solchen Baum bei uns wachsen sehen? Gewiss nicht! All das wird bei uns angeschwemmt. Beständig trägt das Meer neue Rätsel zu uns her. Die Frage ist: Wo kommt all dies her?«

Selbstverständlich wussten alle Jungs von Porto Santo längst die Antwort. Genauer: Christophs Universalantwort. All das kam von einem Land jenseits des Ozeans. Über Tausende von Meilen hatte es die stete Strömung hierher nach Porto Santo getragen. Ja, es gab Land auf der anderen Seite des riesigen Meeres. Der Ozean war nicht endlos, ja vielleicht nicht einmal unüberwindlich. Da drüben gab es Land, Länder, Menschen, Reichtümer. Man musste nur den Mut haben, hinauszufahren in das Unbekannte. Einfach hinausfahren.

Manchmal gab es Streit unter den Jungs. Wenn zum Beispiel einer behauptete, natürlich habe er ein solches Tier bei uns schon gesehen, das sei ein ersoffener alter Hund und basta. Christoph wurde dann rot im Gesicht und brüllte lauter als die anderen. Meist endete es damit, dass sein Kontrahent abwinkte, den Kopf schüttelte und seiner Wege ging. Mit Widerspruch kam Christoph, wie alle Propheten, nicht gut zurecht.

Zweimal überredete er den Vater, Christoph auf der Luisa mitzunehmen nach Lissabon. Statt jedoch beim Löschen der Ladung zu helfen, verschwand Christoph dort für Tage und Nächte in den finstersten Hafenkaschemmen. Allerdings nicht, um sich losen Weibsbildern zu nähern, vielmehr, um sich von den Seeleuten weitere fantastische Geschichten erzählen zu lassen. Geschichten von geheimnisvollen Inseln ganz weit draußen im Ozean, die Schiffbrüchigen als Rettung erschienen, ehe sie von den Wellen wieder davongetragen wurden. Von seltsam geschnitzten Pfählen und goldenen Masken. Von Meermonstern und Menschenfressern. Solche Geschichten gab es viele, die Seeleute erzählten sie gerne wieder und wieder, und Christoph sog sie alle auf wie ein Schwamm.

So füllte er eine ganze Nacht lang einen alten Seemann mit Fusel ab, um immer wieder die Geschichte vom geheimnisvollen Wilden in dem langen Boot mit den merkwürdigen Schnitzereien zu hören. Sie seien, erzählte der Alte, damals westlich der Insel Flores in einen schlimmen Sturm geraten und noch weiter nach Westen abgetrieben worden. Nachdem sich der Sturm endlich wieder gelegt hatte, hätten sie auf dem Meer ein äußerst merkwürdiges Boot gesichtet. Es sei ganz und gar anders gewesen als alle Boote, die er je gesehen habe, erzählte der Alte, und er sei weiß Gott weit herumgekommen auf den Meeren. Die Bootswände seien voll gewesen mit Schnitzereien von seltsamen Zeichen und unbekannten Tieren, wahren Monsterwesen. Im Boot lagen, in fremdartige Decken gewickelt, zwei Männer. Der eine sei tot gewesen, erzählte der Alte, wahrscheinlich verdurstet oder erfroren, der andere habe noch gelebt, aber eben gerade noch so. Sie hätten ihn an Bord gehievt und wieder aufzupäppeln versucht. Das sei ein wirklich wunderlich aussehender Kerl gewesen, geradezu gruselig. Sehr groß gewachsen, hager und ganz braun, mit einem zerfurchten und furchterregenden Gesicht. Die Seiten des Schädels seien rasiert gewesen, dafür aber war das restliche Haar lang gewachsen, dicht, tiefschwarz und mit Spangen zusammengebunden. Am ganzen Körper und sogar im Gesicht habe der Fremde Zeichnungen gehabt, die man nicht habe wegwaschen können. Seine Kleidung, seine Schuhe, seine Waffen, alles sei den Seeleuten vollkommen fremd gewesen. Eine Waffe zum Beispiel sei ein gekrümmter Knochen mit einem harten, angeschärften Stein am Ende gewesen, so etwas verwende in Portugal oder Spanien oder sonst wo in der zivilisierten Welt niemand mehr. Die Kleidung war aus grobem Leder und ebenfalls mit den wundersamen Zeichen bestickt. Kurzum, dieser Mensch – und wahrscheinlich sei es schon ein Mensch gewesen – habe keinem der bekannten Menschen geähnelt.

Ob er gesprochen habe, wollte Christoph wissen.

Ja, erzählte der Alte. Er sei nach einer Weile wieder wach geworden und habe gesprochen, viel gesprochen. Allerdings habe niemand die Worte verstanden und man habe sich auch nicht erinnern können, je auch nur Ähnliches gehört zu haben. Er habe dauernd und zunehmend hektischer hinter sich gezeigt, irgendwohin, vermutlich wollte er sagen, dass dort das Land liege, von wo er komme. Übrigens sei der seltsame Fremde, obwohl im Fieber, vom Anblick seiner Retter offenbar genauso erschrocken gewesen wie umgekehrt. Mit so etwas hatte er wohl niemals gerechnet.

In der finsteren Kaschemme schenkte Christoph dem alten Seemann einen weiteren Becher Fusel ein. Der lächelte dankbar.

»Und dann?«, fragte Christoph.

»Wie?«

»Na, was habt ihr mit dem Fremden gemacht?«

»Ach so.« Der Alte grinste und man konnte sehen, dass er nur noch einen Zahn hatte, einen mächtigen gelben Hauer, der monolithisch im ansonsten abgeräumten Oberkiefer steckte. »Wir haben ihn an Deck getragen und ins Meer geworfen.«

»Warum das denn?«

»Befehl vom Kapitän. Der sagte, der Kerl brauche zu viel Wasser und zu viel Proviant. Wir seien wegen des Sturms ziemlich weit von unserem Kurs abgekommen und müssten dringend sparen. Eine Weile haben wir noch den braunen Kopf zwischen den Wellen gesehen. Dann war er verschwunden.«

Der Alte nahm einen mächtigen Schluck und lächelte seinen jugendlichen Gönner dankbar an. Er sagte: »Ich habe das später ziemlich bereut.«

»Warum?«

»Na, ich denke, wir hätten mit diesem unheimlichen Fremden zu Hause viel Geld einnehmen können. Wir hätten mit ihm übers Land ziehen und fürs Vorzeigen Geld verlangen können. So wie man das mit Menschen mit zwei Köpfen tut oder solchen, die zusammengewachsen sind und so. Das schaulustige Volk hätte bestimmt bezahlt. Und außerdem …«

»Was?«

»Außerdem hätte er vielleicht unsere Sprache gelernt und uns erzählen können, wo er herkommt. Vielleicht hätte es dort, von wo er kommt, viel zu holen gegeben. Gold und Silber und solche Sachen.« Der Alte nickte, als wolle er nachträglich noch und viel zu spät einem alten Plan zustimmen. »Wahrscheinlich hätte uns die Reise übers Meer zu reichen Männern gemacht.«

»Ja«, sagte Christoph, »wahrscheinlich.«

Ach, Christoph. Der wilde Christoph. Der beharrliche Christoph. Der Träumer. Der Forscher. Der Mitreißende. Niemals wieder hat der Mann, den sie den Unberührbaren nennen, einen solchen Freund gehabt.

Es ist lange her. Das Leben und die vollkommen verrückten Ereignisse haben sie im wahrsten Sinne des Wortes auseinandergetrieben. Wird er ihn heute wiedersehen? Ist das möglich? Kann so etwas wirklich geschehen? Und falls ja – was dann?

Ameyro lässt lange auf sich warten, und als er dann vor dem Lager des Unberührbaren steht, gleicht er einem Jammerlappen. Von der Würde eines großen Anführers keine Spur mehr.

»Was ist geschehen, Ameyro, mein Freund?«

Fast scheu schaut der sonst so stolze Kazike den Unberührbaren an. Seine Stimme ist leise und wie belegt, als er sagt: »Höre, Unberührbarer, ich weiß nicht, ob wir unseren Plan noch umsetzen müssen. Es ist sowieso alles entschieden. Die Weißhäutigen haben gewonnen. Ihr Wille geschehe.«

»Ich verstehe nicht.«

Wieder sieht Ameyro den Unberührbaren an, diesmal allerdings wenig freundlich. »Warum hast du uns nicht gesagt, wie mächtig ihr Gott ist? Wie mächtig euer Gott ist, Unberührbarer?«

»Unser Gott ist einzig mächtig darin, Menschen zu quetschen und klein zu halten.«

»Du bist ein Spötter, Unberührbarer«, sagt der Kazike. Seine Stimme wird härter. »Du warst immer ein Spötter. Leider ein Spötter. Aber ich habe jetzt seine Macht erfahren.«

Der Unberührbare kann den Kopf nicht länger halten. Er lässt ihn zurückfallen und sieht jetzt statt des Kaziken nur die Wipfel der Bäume. Ameyro tritt nahe an das Lager heran. Er geht erst in die Knie, dann setzt er sich und kauert sich zusammen. Der Unberührbare dreht den Kopf. Jetzt können sich die beiden auf Polsterhöhe wieder in die Augen sehen. Der Häuptling spricht leise, als wolle er vermeiden, dass seine Männer die Geschichte nochmal hören.

»Wir hatten den Weißhäutigen ein paar Tage nichts mehr zu essen geliefert«, erzählt er. »Erstens, weil wir selbst fast nichts mehr hatten. Alle Tiere sind in Panik geflohen, die Wälder sind fast leer. Zweitens, weil wir mit ihren Gegenleistungen nicht mehr zufrieden waren. Jeder von uns hat jetzt Glöcklein und Spiegelchen genug. Ich wollte mehr. Ein paar von ihren glitzernden Stangen vielleicht, mit denen man Arme und Beine abschneiden kann, als wären das dürre Zweiglein. Oder eines ihrer feuerspeienden Rohre. Dann wäre ich bereit gewesen, wieder Brot und ein paar Fische zu liefern. Sie wollten nichts abgeben. Darum mussten sie hungern.«

»Und dann?«

»Der Anführer dieser Eindringlinge, du weißt: der mit dem filzigen Haar, der immer krumm und schief dasteht und aufs Meer hinausschaut, der Anführer also war sehr wütend. Er behauptete, dass es unsere Pflicht sei, ihn für alle Zeiten zu füttern, wegen der Majestäten und so. Er war wütend und ließ ausrichten, dass er mich und meine Unterführer sprechen müsse. Unbedingt. Dringend. Unverzüglich. Das war gestern, kurz bevor die Sonne sank.«

»Ihr seid zum Strand gegangen.«

»Natürlich. Ich wollte hören, was das Filzhaar zu sagen hat.« Ameyro zögert und sieht etwas verschämt zur Seite. »Ich gebe es zu«, flüstert er, »ich wollte ihn auch als Verlierer sehen. Als Geschlagenen. Ich dachte, meine Position sei die viel stärkere. Ich habe zu essen und zu trinken. Er aber hat nur ein paar zernagte Kanus und ein hungriges, wütendes Rudel, das über ihn herzufallen droht. Ich wollte ihn zappeln sehen, winseln hören. Doch es kam alles ganz anders.«

»Erzähle!«, fordert der Unberührbare ungeduldig. Er schluckt trocken.

»Das Filzhaar blaffte uns sofort an. Er schimpfte, dass die Majestäten sehr wütend seien, weil wir ihre Gesandten miserabel behandelten und hungern ließen. Weil wir das heilige Gastrecht mit unseren braunen Füßen treten würden. Schlimmer noch, viel schlimmer: Sogar Gott sei wütend und habe beschlossen, Ameyros Volk schwer zu bestrafen. Er werde ihnen den Mond wegnehmen.«

»Den Mond wegnehmen, aha«, sagt der Unberührbare mit einem Hauch Ironie.

»Spotte nicht schon wieder, Unberührbarer! Spotte nicht!« Der Häuptling fährt auf, von mächtigen Gefühlen ergriffen. »Du hast nicht gesehen, was ich gesehen habe! Keine Ahnung hast du! In dem Moment, als die mächtige Weißhaut das sagte, da begann der Mond, der hoch über den Wäldern stand, sich zu verfinstern. Es war, als schöbe sich eine schwarze Scheibe vor sein geliebtes Angesicht. Größer und größer wurde die Scheibe, immer kleiner wurde der Mond und immer schwächer sein Licht. Kannst du dir das vorstellen, Unberührbarer? Was geschieht uns da? Es war entsetzlich. Eine furchtbare Bestrafung!«

Der Häuptling ist aufgesprungen und gestikuliert wild. Sein Körper will die ungeheuerliche Geschichte miterzählen, wie der Mond verschwand. Ob der Unberührbare ihn noch sehen kann, scheint ihm einerlei.

»Erst habe ich mir nichts anmerken lassen, Unberührbarer. Ich blieb stolz. Ich zwang mich dazu. Ich sagte, das sei ein Zauber, der mich wenig beeindrucke. Mein Medizinmann habe ebenso starke Zauberkräfte. Ich drehte mich um und marschierte mit den Meinen vom Strand weg zum Waldrand, wo der Medizinmann unverzüglich all sein Arbeitsmaterial auspackte und mit seinen Beschwörungen begann. Er entfachte kleine Feuer, warf allerlei Kräuter, Blätter und Tierknochen hinein, er flehte, vollführte seinen Singsang und beschwor unsere Geister, bis ihm das salzige Wasser übers Gesicht rann. Doch alles half nicht: Die schwarze Scheibe über uns wurde immer größer, vom Mond war nur noch ein verglimmender Rand zu sehen. Der Weißhäutige und sein Gott waren viel mächtiger. Ich brüllte den Medizinmann an: ›Streng dich an! Es geht um die Ehre unserer Götter. Es geht um die Macht auf dieser Insel. Es geht – ich drohe ungern guten Leuten, doch wenn es nun mal sein muss –, es geht nicht zuletzt um deine Position in der Führungsriege und bedauerlicherweise auch um die Frage, ob du der richtige Mann für diese Aufgabe bist. Willst du statt Medizinmann künftig der Sautreiber sein?‹ Der Medizinmann sang und flehte daraufhin noch heftiger, doch leider erfolglos. Unsere Götter waren so schwach. Wo der Mond gewesen war, war nur noch ein schwarzes Loch. Entsetzlich war das.«

Der Häuptling lässt die Arme fallen und die Schultern sinken. Wieder steht er da wie eine Jammergestalt. Er trottet zurück zum Lager des Unberührbaren, setzt sich, beugt sich und schaut ihm wieder in die Augen.

»Was sollte ich tun, Unberührbarer? Der Mond war weg. Was sollte ich tun? Der Anführer der Weißhäutigen hatte mich vor meinen eigenen Leuten zur Spottfigur gemacht, und ich begann mir vorzustellen, was sein Gott noch alles verschwinden lassen könnte. Was also konnte ich in dieser äußerst gefährlichen Lage anderes tun, als klein beizugeben? So ging ich zurück zu dem mächtigen weißen Anführer und flehte ihn an, uns den Mond zurückzugeben. ›Bitte! Gib uns den Mond zurück!‹ Wir würden auch alles dafür tun. Wir würden bestes Essen liefern, saftiges Wild, süße Früchte, duftendes Brot, von mir aus dreimal täglich, wenn er doch bloß diesen Fluch seines Gottes von uns nähme. Der mächtige weiße Anführer befahl mir, auf die Knie zu sinken. Ich tat es. Ich kniete und flehte: ›Bitte, nimm diesen Zauber von uns und gib den Mond zurück.‹ ›Also gut‹, sagte der Weißhäutige schließlich ganz von oben herab. ›Bleib, wo du bist. Bleib, wie du bist, auf Knien nämlich, bereuend, fürchtend, flehend, während ich meinen Gott bitten werde, seine gerechte Strafe gegen euch zurückzunehmen. Ich kann nichts versprechen, Ameyro, aber ich versuche es.‹«

»Er hat dich vorgeführt.«

»Nenne es, wie du willst, Unberührbarer. Bedenke: Ich bin der Anführer meines Volkes. Ich kann nicht verantworten, dass ihm ein so mächtiger Gott zürnt. Ich will mein Volk beschützen. Und ich will ihm den Mond wiedergeben.«

»Schon gut, Ameyro. Du hast richtig gehandelt.«

»Der mächtige weiße Anführer zog sich in seine Hütte oben auf dem zerfressenen Boot zurück, um mit seinem Gott zu sprechen. Das hat gedauert. Ich kniete weiter im kalten Sand. Ich kniete lange, die halbe Nacht lang. Dann kam die mächtige Weißhaut zurück. Er sah mich an, als sei ich eine Kröte, und verkündete, gut also, sein Gott nehme die Entschuldigung an. Bedingung sei allerdings, dass wir keinerlei Ärger mehr machten und die weißen Herren zuverlässig belieferten mit allem, was sie brauchen und wünschen. Ich schwor es, und siehe da: Im gleichen Moment sah ich am Himmel ein erstes Flackern des zurückgegebenen Mondes. Der Gott der Weißhäutigen schob die schreckliche schwarze Scheibe fort. Der Mond war zurück. Ich blickte hinter mich und sah in seinem uns wieder geschenkten Glanze, dass auch meine Unterführer auf ihren Knien lagen. Wir alle senkten die Häupter und dankten dem weißgesichtigen Herrn für seine Güte und Fürsprache.«

Das Phänomen der Mondfinsternis hat den jungen Christoph sehr interessiert, denkt der Unberührbare. Er hatte damals auf Porto Santo ein Buch darüber mit ziemlich exakten Berechnungen, die er immer und immer wieder studierte. Wie sich die Lage darstellt, nimmt der erwachsene Christoph dieses Buch mit auf seine Reisen.

Eine Pause, Schweigen im Urwalde. Der Unberührbare seufzt leise. Ameyro sieht ihn besorgt an.

»Ich habe deine Kräfte überfordert, Unberührbarer. Es tut mir sehr leid.«

»Ameyro, mein Freund. Es ist eine unheimliche Geschichte, die du da erzählt hast.«

»Und wie ist dein Urteil?«

»Du hast Recht: Du konntest nicht anders handeln. Und nun musst du deinen Schwur halten.«

»So ist es. Heute Früh haben wir bereits zusammengetragen, was wir im Dorf noch an Köstlichkeiten hatten, und sie allesamt zum Strand gebracht. Die Weißhäutigen haben sie sofort aufgegessen und nach mehr verlangt.«

»Trage mich zu den Weißhäutigen, Ameyro.«

»Es ist ein weiter Weg. Über Stock und Stein. Er wird dich sehr anstrengen.«

»Bitte tue es, mein Freund.«

Der Kazike gibt seinen Männern einen Wink. Sie bringen die Trage und stellen sie neben den Polstern des Unberührbaren ab. Mencia sieht ihn sehr besorgt an.

Am Rande des Waldes, dort, wo man das Lager der Weißhäutigen am besten sehen kann, haben Ameyros Männer die Trage aufgerichtet. Der Unberührbare schaut hinab zu den fläzenden, saufenden Spaniern. So also sehen Eroberer aus. Wegbereiter Christi. Kreuzritter. Erbärmlich. Dazu die zernagten Schiffswracks auf dreckigem Sand. Jämmerlich, aber zweifelsfrei Weltgeschichte. Langsam geht ein Mann vom Lager weg in Richtung Meer. Er geht gebeugt, schlurfend, schleppend. Kraft und Elan haben ihn verlassen. Auch sind die Locken nicht mehr blond, sondern grau und verfilzt.

»Christoph«, flüstert der Unberührbare.

VI

Francisco de Porras stampft mit voller Kraft gegen den Balken. Krachend stürzt die Hütte ein. So ist es recht. Ein brauner Halunke krabbelt aus den Trümmern und versucht zu fliehen. Porras hebt das Schwert. Es saust ins Leere. »Elende kleine Ratte«, flucht er. Mit drei Schritten ist er bei dem feige Fliehenden, noch einmal saust das Schwert nieder. Blut schießt in einer Fontäne hoch, der rechte Arm ist fort. Der Braune schreit und rollt sich ins Unterholz. Hinterher, um ihm den Garaus zu machen? Mühselig und nicht spaßig genug, der Kerl ist ja sowieso erledigt. Porras dreht sich um und übersieht die Szenerie. Brennende Hütten, zerschlagene Hütten, geplünderte Hütten. Dazwischen die Leichen der braunen Halunken. Ihr Blut verwandelt den Boden in Matsch. So ist es gut. Vernichtung. Er hebt das Schwert und stürmt brüllend auf die nächste Hütte zu.

Bewegung, das ist es, was er braucht. Das ist es, was sie alle brauchen. Da muss ganz viel raus. Sie müssen rennen, wüten, um sich schlagen. Sie gieren nach Attacke. So lange hockten sie bloß, hockten unter Deck, hockten hinter Palisaden, während heimtückische Wilde sie mit Pfeilen beschossen, hockten in elenden Bretterverschlägen, während draußen im Schlamm rotäugige Riesenbestien gierig darauf lauerten, sie bei lebendigem Leibe zu zerfleischen. Zuletzt hockten sie wochenlang, monatelang neben zwei zerfressenen Wracks am Strand und mussten sich bei den Wilden einschmeicheln, um überhaupt etwas zu essen zu bekommen. Sie mussten sogar bezahlen. Diese Heiden bezahlen! Kann man das glauben? Für diesen widerlichen Fraß bezahlen! Sie hackten diese unverschämten Heiden nicht in Stücke, nein. Sie bezahlten. Dieser elende Kolumbus.

In blinder Wut schlägt Francisco de Porras mit dem Schwert auf die Hütte ein. Holz splittert, Streben brechen. Er schlägt und schlägt. »Elender Kolumbus«, brüllt er dabei. »Elender Wicht! Elender, elender, elender!« Die Hütte bricht ein, Porras drischt weiter auf die Ruine ein. »Elender Kolumbus! Hast uns dazu erniedrigt, mit diesem Abschaum zu verhandeln. Was fällt dir ein, alter Mann? Alter, kranker, schwacher, dämlicher, elender Mann! Was erlaubst du dir?«

Ein Indianerjunge versucht, hinter seinem Rücken zu entfliehen. Blitzschnell dreht sich Porras um und packt ihn am Arm. Er zerrt den Jungen zu sich, er schüttelt ihn, geifert ihm ins Gesicht. »Du willst mit mir verhandeln?«, brüllt er. »Du willst mir Vorschriften machen? Du Wicht?« Entsetzt starrt der Junge den Tobenden an. »Du willst etwas von mir haben?«, brüllt Porras. »In Ordnung, du bekommst etwas!« Er hebt das Schwert und will gerade den Kopf des Jungen treffen, als dieser sich losreißen und nach links ausweichen kann. Die Schneide ritzt die Schulter. Der Junge rennt weg. Wie ein Irrer brüllend stürmt Porras ihm hinterher.

Nach einer guten Stunde hat sich der Trupp der Meuterer ausgetobt. Sie sitzen einen Steinwurf weg von der brennenden, blutgetränkten Todesstätte und inspizieren die Beute. Das Essen wird für zwei oder drei Tage reichen, ansonsten gab es in diesem Dorf nicht viel zu holen. Sie sind jetzt müde, so müde, dass sie auf der Stelle einschlafen könnten. Grausamkeit, exzessiv ausgelebt, kann entsetzlich erschöpfen. Auch ein Blutrausch will ausgeschlafen sein.

Francisco de Porras fühlt sich hundemüde. Jetzt, da alle Erregung gewichen ist, schmerzt zudem sein rechter Arm. Er muss es mit dem Schlagen und Erschlagen fürchterlich übertrieben haben. Er reibt sich den Oberarm und versucht, die Hand zur Faust zu ballen. Der Zorn auf diesen vertrottelten Admiral hat ihn weiter getrieben, als es seiner Gesundheit zuträglich ist.

Er lehnt den Kopf an den Baumstamm und atmet gut hörbar aus. Die Männer sehen zu ihm hin. Sie denken wohl, dass er etwas sagen will. Doch Francisco de Porras hat nichts zu sagen. Die Blicke der Männer sind meist stumpf, manche aber auch fragend und einige geradezu fordernd. Diese Männer wollen wissen, wie es weitergeht. Aber Francisco de Porras hat momentan leider keine Antwort.

Er schließt die Augen und sieht den peinlichen Admiral vor sich. Wie er vor ihnen stand, nachdem sie in seine Hütte auf dem Deck der Capitana eingedrungen waren. Ein jammervoller Anblick. Da stand – besser: wankte – ein alter, abgetakelter Mann, schief und halb verknotet, wahrscheinlich von vielerlei Schmerzen geplagt, halb blind und gelbgrünlich im Gesicht. Ein stinkender Alter, das Haar grau und verfilzt. Ein Wrack, das in einem Wrack haust. Zerfall überall. Porras erinnert sich, woran er damals dachte: dass das unmöglich der Mann sein konnte, der den Weg nach Indien entdeckte, der große Held, der auf Händen quer durch Spanien getragen wurde und dem zu Ehren sich die Majestäten andächtig von ihren Thronen erhoben. Der stolze Admiral des Ozeanischen Meeres und Vizekönig. Es muss zwei Kolumbusse geben, dachte Porras, den echten und diese schadhafte, schändliche, hochstaplerische Kopie. Ein Weichei ist das, unfassbar. Er lässt es zu, dass seine stolzen Schiffe von einem Wurm zernagt, verdaut und ausgeschieden werden. Er lässt sich von diesen dummen Wilden sagen, was er zu tun hat. Er haust an diesem schmutzigen Strand, bewegungs- und wehruntüchtig wie ein an den Beinen zusammengebundenes Opferlamm. Ein Wicht. Auch ihnen, die sie respektlos ohne Erlaubnis in seine Kabine eingedrungen und im Grunde schon Meuterer waren, hatte er überhaupt nichts entgegenzusetzen. Dieser Kolumbus schaute nur traurig aus fieberglasigen Augen, als er, Francisco de Porras, ihm schroff eröffnete, dass er mit der Hälfte der Männer das Lager verlassen werde, um mit Kanus Hispaniola zu erreichen. »Nach Kastilien« sei fortan ihr Schlachtruf. Ihr Vertrauen in ihn, den abgetakelten Admiral, sei vollkommen dahin. Die Hälfte des Goldes würden sie übrigens mitnehmen, damit Kolumbus nur Bescheid wisse. »Nach Kastilien!«

Francisco de Porras weiß: Jetzt, da die Überfahrt so grausam gescheitert ist und ihr schönes Gold auf dem Grunde des Meeres liegt, ist die Lage alles andere als günstig. Die Männer haben Fragen, doch er hat keine Antworten. Im Grunde ist er in einer ähnlichen Lage wie dieser Kolumbus. Bloß, dass er standhalten und die Krise in einen Sieg verwandeln wird. Vor allem wird er nicht zum winselnden Weichei werden, zum Indianer- und Meutererversteher, im Gegenteil. Er, Porras, hätte einen meuternden Porras sofort in Eisen legen oder gleich am nächsten Baum aufknüpfen lassen. Sie werden weiter die Siedlungen überfallen und die Wilden massakrieren, sollen die nur nicht meinen, da sei auch nur eine Spur von Schwäche, Reue oder Rückzug. Sie werden sich nehmen, was sie brauchen: Nahrung, Boote, Frauen. Wer sich ihnen in den Weg zu stellen wagt, wird totgeschlagen. Sie sind immer noch 40 Mann, zäh, gierig, gut bewaffnet und kampfbereit. Erst mal hart zuschlagen. Ein Plan, von dieser elenden Insel wegzukommen, findet sich dann später.

Am Anfang war das Meer ruhig. Im Rückblick kann man sagen: trügerisch ruhig. Mit zehn Kanus hatten sie abgelegt. »Nach Kastilien!«, jubelten die Meuterer immer wieder, ihre Stimmen trugen weit über die spiegelglatte See und sie dachten wohl, man könne sie drüben, in Toledo, Segovia oder Avila, beinahe hören. Die Wilden, die sie aus ihren Dörfern weg in die Boote gezwungen hatten, mussten paddeln. Als sie die verhasste Insel so weit hinter sich hatten, dass nur noch ein dünner Strich von ihr zu sehen war, kam Wind auf. Es war ein kalter Wind, was die Spanier seltsam fanden, ein kalter und stetiger Wind. Ein böses Omen? Jedenfalls kamen die Kanus langsam voran. Immer gieriger langten Wellen über die niederen Bootswände, bald saßen alle tief im Wasser. Zwei Kanus kenterten und konnten nur mit Mühe wieder aufgerichtet werden. In diesem ungewöhnlich kalten Wind zitternd, kletterten Spanier und Indios wieder an Bord und versuchten, gegen die Strömung anzupaddeln.

Francisco de Porras erkannte, dass das Unternehmen Überfahrt so keine Zukunft hatte. Hispaniola war noch weit, sehr weit, doch sie kamen kaum voran. Der Wind wurde stärker, der Himmel finster, die Wellen wurden höher. Wir müssen Ballast abwerfen, erkannte Porras. Aber was? Die Waffen? Das Gold? Die Heiden? Nach kurzem Nachdenken gab Porras den Befehl.

In allen Booten zückten die Spanier ihre Schwerter, bellten los und zwangen Indios, ins Meer zu springen. Wer sich weigerte, wurde mit den Klingen durchbohrt. Die Indios schwammen ein gutes Stück von den Kanus weg. Sie traten Wasser, hielten sich so auf der Stelle und berieten sich. Sie erkannten, dass sie kaum eine Chance hatten. Ihre Insel war schwimmend unerreichbar. Also schwammen sie zurück zu den Kanus, umkreisten sie und schrien die Spanier an. Vermutlich schrien sie: »Seid ihr denn verrückt, das könnt ihr nicht machen, das ist Wahnsinn, holt uns sofort aus dem Meer!« Die Spanier richteten sich drohend auf und zückten wieder ihre Schwerter. Als der erste Indio seine Hand auf die Kanuwand legte, wurde sie ihm abgeschlagen. Er fiel zurück, schrie entsetzlich auf und hielt den Stumpf in die Höhe, aus dem schubweise das Blut schoss. Dann versank der Gepeinigte im Meer. Ein zweiter Indio versuchte, an Bord zu klettern, dann ein dritter, ein vierter. Allen erging es gleich. Kaum hatten sie nach der Bordwand gegriffen, wurden ihnen die Hände abgehackt, bis sich an alle Kanus Hände ohne Körper krallten. Allmählich erschlafften diese Hände, fielen, sanken – den Körpern folgend, zu denen sie gehört hatten. Die im Wasser kreisenden Indios schrien vor Wut und Schmerz. Die Spanier in den Booten schrien zurück, hysterisch fast, die Schwerter erhoben, fuchtelnd: »Bleibt weg! Weg! Wer sich heranwagt, wird es bitter bereuen.« Es war ein fürchterliches, unentwirrbares Geschrei draußen auf dem

Meer, derweil sich der Himmel weiter verfinsterte. Wieder griff eine Hand nach dem Bootsrand, wieder fuhr ein Schwert nieder, wieder einer dieser gellenden Schreie. Der Wind wurde stärker.

So ging es eine Stunde oder länger. Die Indios waren die chancenlosen Angreifer, die Spanier hackten auf sie ein, sobald sie sich den Kanus auf Schwertlänge näherten. Allmählich wurde aus den Schreien ein Jammern und Wimmern. Den Indios fehlten die Kräfte, weiter zu den Booten vorzustoßen. Einige von ihnen drehten ab und schwammen ins Meer davon und in den sicheren Tod.

Nachdem die Indios, starr von Schreck und Entsetzen über die Grausamkeit ihrer Peiniger, das Gemetzel eine Weile mit angesehen hatten, wagten sie in einem Kanu den Angriff. Die Spanier hatten sie nicht über Bord geworfen, weil sie nicht eigenhändig nach Hispaniola paddeln wollten. Einige der Angreifer wurden sofort erschlagen, andere konnten den Schwerthieben ausweichen und fuhren den Gegnern an die Kehle. Das Kanu schwankte erst und kenterte dann, im Wasser wurde weiter gerungen, und endlich sanken auch Spanier in die Tiefe. Auch in einem zweiten Kanu wollten kurz darauf Indios angreifen. Diesmal aber waren die Spanier gewarnt und hielten ihnen, kaum dass sie sich rührten, die Klingen an die Hälse.

Als es finster wurde – sei es, dass es der Nacht zuging, sei es, dass sich weitere Wolken türmten und ballten, die den Himmel verdunkelten –, waren fast alle Indios in den Wellen verschwunden. »Weiter«, schrie Francisco de Porras, »schnell weiter!« Die Spanier zwangen die letzten ihrer Rudersklaven, gegen die Wellen anzukämpfen. Es ging zwei Meter voran und dann wieder einen Meter zurück, es war hoffnungslos. Wasser strömte in die Boote. »Alles über Bord!«, rief Porras, und also warfen die Spanier die übriggebliebenen Indios ins Meer und paddelten doch mit eigener Kraft. Es half nichts. Zwei Kanus kenterten und sanken, die Mannschaft war nicht mehr zu retten. »Auch das Gold!«, befahl Porras. »Werft auch das Gold über Bord oder wir sind verloren!«

»Niemals«, tönte es aus einem der Boote. Da kam eine Welle heran und warf es um, wie ein Kind einen Spielzeugsoldaten umwirft. Die Ertrinkenden schrien um Hilfe, das Meer dröhnte, da griffen die Spanier nach den Goldschätzen und schleuderten einiges über Bord. Erst einzelne Stücke, als könnte dies Opfer und Besänftigung genug sein, dann immer schneller immer mehr, in Todesangst, denn der Wind war zum Sturm angeschwollen und das Meer raste. Nach ein paar Minuten sank auch der letzte goldene Armreif auf den Grund des Ozeans. Die Spanier, die eben noch alle reich gewesen waren, waren wieder arm wie die Kirchenmäuse. Meuterer zudem, rechtlos und ausgesetzt auf tobender See. Sie schlotterten vor Angst und Kälte. »Zurück!«, schrie Francisco de Porras. »Wir müssen zurück zur Insel.« Wie wahnsinnig hackten sie die Paddel in die tobende See. Zurück, nichts wie zurück.

Ja, das Gold ist fort. Eine zweite Überfahrt wird es nach diesem Desaster nicht geben. Und die Indianer sind jetzt ihre Todfeinde. So ist die Lage. Schuld ist alleine Kolumbus, denkt Francisco de Porras, während er die Arme verschränkt und sich an den Baumstamm schmiegt. Wie kann man sich die Schiffe von Würmern zernagen lassen? Wie kann man auf dieser verfluchten Insel notlanden? Wie kann man mit den Indianern auf Schmusekurs gehen, statt sie Mores zu lehren? Der angeblich so große Entdecker ist ein großer Versager, unfähig, sich durchzusetzen. Das hat ihn damals auf Hispaniola schon ins Unglück gestürzt. Am Ende haben sie ihn wie einen Schwerverbrecher in Ketten gelegt und zurück nach Spanien verfrachtet. Statt den Widerspenstigen knallhart Paroli zu bieten, hat Kolumbus sich dauernd nachgiebig gezeigt, er hat verziehen und

Neuanfänge beschworen. Natürlich war die Folge, dass seine Gegner immer kecker wurden. Es kam zu regelrechten Bürgerkriegen und Verheerungen. Idiot, denkt Porras, alter, verfilzter, elender Idiot. Er grunzt noch einmal verächtlich, dann ist er eingeschlafen.

Die Eingeborenen nennen ihn den Unberührbaren. Sie beschützen ihn, seit sie seinen zerschmetterten Körper aus einem Tümpel hinter den Klippen gezogen haben. Kaum ein Knochen, der nicht gebrochen war. Tagelang, nächtelang wachten sie über ihn, der zwischen Leben und Tod schwebte. Sie pflegten ihn, fütterten ihn und bauten ihm, dem Wesen aus einer anderen Welt, eine Hütte weit abseits ihres Dorfes. Er faszinierte sie und fasziniert sie noch immer, doch zu nahe möchten sie ihn doch nicht bei sich haben. Sie schickten ihm Mencia, die Freude seines Lebens. Im Gegenzug erzählt er ihnen von den Ländern und den Menschen jenseits der Insel. Mencia, Ameyro, die Dorfbewohner, der Wald, seine Hütte, das ist sein neues Leben.

In seinem früheren Leben war er Gabriel. Er lebte auf der Insel Porto Santo. Während jedoch sein Freund Christoph jede Menge Zeit hatte, um Strömungen zu messen, Stürme, Winde oder Flauten zu beobachten, seltsame Hölzer oder ertrunkene Hunde aus dem Atlantik zu fischen und krude Theorien aufzustellen, musste er, Gabriel, tüchtig arbeiten. Sein Vater besaß ein stattliches Schiff, die Luisa, doch die Frachtgeschäfte gingen sehr schlecht. Personal war zu teuer, der Junge musste dauernd ran. Er schuftete von Sonnenaufgang bis weit nach Sonnenuntergang. Trotzdem war der Ruin nicht mehr abzuwenden. Im Spätsommer des Jahres 1475 schickte der Vater Gabriel ein letztes Mal los, um auf einer Kanareninsel Ware zu laden. Er segelte mit Pique, einem schweigsamen, aber sehr bewährten Seemann gänzlich unbekannter Herkunft – man munkelte, er käme aus einem maurischen Land oder einem Reich weit hinter Konstantinopel –, und er nahm zur weiteren Unterstützung seinen Freund Christoph mit, der sich überraschend leicht von seinen Studien zu den Vorboten märchenhafter Reiche hatte abziehen lassen. So begann es.

Der Unberührbare liegt in seiner Hütte. Es ist tiefe Nacht. Er hört Mencias ruhige, beruhigende Atemzüge. Er selbst mag an Schlaf nicht denken. Er ist aufgewühlt, verwirrt. Wenn ihm sein Körper noch gehorchen würde, wenn er nicht zu Bewegungslosigkeit verdammt wäre, dann würde er jetzt gewiss ziellos durch den Dschungel streifen, sich nervös durchs Haar fahren und sich unablässig fragen, was als Nächstes geschehen solle. Er wäre ein ruheloses Nervenbündel. So aber muss er liegen. Er muss das Chaos der Gefühle niederkämpfen. Es gibt keinen Ausweg aus diesem Körper. Er liegt und denkt.

Sie haben in Santa Cruz die Ladung an Bord genommen und eben wieder abgelegt, als Christoph zu ihm ans Steuer tritt.

»Ein gutes Schiff«, sagt der junge Christoph Kolumbus. Gabriel nickt. Die Luisa ist ein wirklich gutes Schiff und der Stolz der Familie. Dies jedoch ist die letzte Fahrt. Nach der Rückkehr gehört das Schiff Vaters absolut gnadenlosen Gläubigern auf Porto Santo. Ein Jammer.

»Zu schnittig eigentlich, um immer nur Käse, Wurst und Strümpfe zu transportieren.«

»Es hat unserer Familie immer gute Dienste getan.«

»Aber jetzt«, Christoph lächelt und macht eine kleine Pause, »jetzt gehört es nicht mehr deiner Familie, oder?«

»Das weißt du doch«, blafft Gabriel. »Warum fragst du so blöd? Willst du in meinen Wunden bohren?«

Eine Pause. Beide blicken aufs Meer.

»Wenn wir jetzt in einen Sturm geraten würden und die Luisa sinken würde, was wäre dann?«

»Wir wären tot, Christoph!«

»Ja, schon. Aber sonst? Ein weiteres Schiff läge auf dem Grund des Ozeans und die Geier von Porto Santo hätten ein schlechtes Geschäft gemacht. Weiter wäre nichts.«

Wieder eine Pause. Der Wind frischt auf und fasst in die Segel. Die Luisa wird schneller.

»Was willst du mir sagen, Christoph?«

Bis dahin klang die Stimme des Freundes nach Geplauder und Zeitvertreib, der Blick schien gelangweilt. Das ändert sich geradezu unheimlich von einer Sekunde zur nächsten. Christoph Kolumbus schaut Gabriel aus seinen blauen Augen so scharf an, dass der beinahe zurückweicht. Mit schneidender Stimme sagt er: Wir können es schaffen!«

»Was schaffen, Christoph?«

»Wir können es schaffen. Wir drei können es mit der Luisa schaffen. Wir können Weltgeschichte schreiben. Jetzt. Auf dieser Fahrt!«

»Was denn?«

»Wir können das Land jenseits des Ozeans entdecken. Wir können alle Rätsel lösen. Alle Nebel wegblasen.«

»Du spinnst!«

»Tod oder Unsterblichkeit!«

»Du spinnst!!«

»Was hast du zu verlieren, Gabriel? Ein Schiff, das deiner Familie sowieso nicht mehr gehört. Und dein bisschen Leben, das du nach Lage der Dinge damit verschwenden wirst, in irgendeinem Hafen Fässer mit Olivenöl oder Käse zu schleppen. Von Sonnenaufgang bis

Sonnenuntergang. Vielleicht, wenn du viel Glück hast, reicht es hernach noch für einen Becher miesen Weins in irgendeiner schmutzigen Kaschemme. Mit viel Glück. Das, Gabriel, ist dein Leben. Irgendwann wirst du unter deinem letzten Ölfass zusammenbrechen und elend sterben. Niemanden wird es kümmern. «

»Du übertreibst.«

»Tue ich das?« Christoph sieht den Freund mit ernster Miene an, der Wind zerzaust ihm das Haar. »Ich sage dir, Gabriel: Genau so wird es kommen. Du bist ein feiner Kerl durch und durch. Du wirst für die Schulden deines Vaters einstehen und sie abzuarbeiten versuchen. Dabei weißt du, dass du keine Chance hast. Sie werden dich hoffnungslos schuften lassen, bis du tot zusammenbrichst. Niemanden wird es kümmern.«

Gabriel schluckt trocken

»Niemanden kümmert es, Gabriel. Die Gläubiger nicht, den König nicht, den Priester nicht. Niemanden Dein Fünkchen Leben ist allen scheißegal. Es sei denn …«

»Was?«

Christoph Kolumbus' Stimme wird tief und fest. »Ich habe alles zusammengetragen«, sagt er. »Alles genau berechnet. Es ist machbar. Absolut machbar. Wir segeln noch ein Stück nach Süden. Dann schwenken wir von der Küste Afrikas weg, strikt auf Westkurs. Der Wind wird uns in die Unsterblichkeit tragen.«

»Aha. Und wie lange wird das dauern?«

»Vier Wochen. Vielleicht auch fünf oder sechs. Mehr garantiert nicht.«

»Und wovon sollen wir leben?«

Christoph lacht. »Also, ich für meinen Teil mag Käse. Ich könnte ihn jeden Tag essen.«

Gabriel blickt nach vorne aufs Meer. Er denkt, dass er sich das hätte denken können. Darum hatte sich Christoph so leicht von seinem Beobachtungsposten wegholen lassen. Er hat alles genau so geplant. Er will mit der Luisa beweisen, dass seine Theorien wahr sind. Mit der Luisa, mit Pique und mit ihm, Gabriel. Der schiere Wahnsinn.

Oder doch nicht?

»Wir werden Helden sein, Gabriel. Helden statt Niemande. Bedenke doch, was Könige denen geben werden, die ihnen neue Reiche zu Füßen legen. Sie werden uns mit Gold und Diamanten überschütten. Ein weißes Schloss wirst du besitzen und die schönsten Frauen. Du wirst in Saus und Braus leben bis ans ferne Ende deiner Tage. Du und deine ganze liebe Familie. Statt des Elends der Bankrotteure würde sie das reine Glück erwarten.«

Christoph Kolumbus streckt den Arm aus und zeigt auf den Ozean. »Da vorne liegt alles, was du dir nur wünschen kannst, mein lieber, mein guter Freund. Da, gleich hinter dem Horizont.«

»Glaubst du wirklich?«

»Ich weiß es!«

An die Reise selbst kann sich der Unberührbare kaum erinnern. Die Erinnerungen zerfließen zu einem unscharfen Bild aus schlechtem Gewissen, Langeweile, eintöniger Seemannsarbeit und Stunden, Tagen oder Wochen vollkommener Gleichgültigkeit. Irgendwann waren sie so weit weg von allem, so unrettbar hinausgefahren auf das riesige Meer, dass sowieso alles einerlei war. Sollte geschehen, was zu geschehen hatte. Vermutlich würden sie verdursten und verhungern. Irgendwann würde dieser winzige Fleck aus Holz, Käse, Herz und Knochen vom blauen Ozean verschwunden sein. Niemanden würde es kümmern.

Technisch lief alles gut. Der Wind fasste kräftig in die Segel und schob sie konstant nach Südwest. Keine Stürme, keine Ungeheuer.

Nur Wasserwüsten. Pique war sofort mit allem einverstanden gewesen und verrichtete zuverlässig alle Arbeiten. Er sagte den beiden Freunden, seit er die Schwefelgruben seiner Heimat verlassen habe, sei sein Leben immer besser geworden. Darauf könne er vertrauen. Auch jetzt werde es sich verbessern, und zur Not komme er mit einem Viertel Becher Wasser pro Tag aus.

Wasser, Wind, Käse, Langeweile. Immer öfter fand sich Gabriel im Schatten liegend wieder, unnütz und unbeteiligt, flach atmende Apathie. Christoph, der Entfesselte, ruhte nie. Er schien Tag und Nacht am Ruder zu stehen und hoffnungsfroh auf die Linie zwischen Wasser und Himmel zu starren, im Durcheinander seiner Erinnerungen jedenfalls kommt es dem Unberührbaren so vor. Ab und zu rief er höchst erregt etwas aus, »Aha, Äste« zum Beispiel oder »Schaut, schon wieder Vögel«, während die Luisa weiter in die Unendlichkeit vorstieß. Der unermüdliche Christoph, immerfort aufs Meer starrend. Als erwartete er tatsächlich jeden Moment, dass sich am Horizont eine Neue Welt zeigen werde.

So war es dann auch. Nach fünf, sechs oder sieben Wochen nahmen sie am Horizont dünne, flache, zartblaue Bögen wahr. Wie eine Lufterscheinung, die gleich wieder zu verschwinden drohte. Doch diese Bögen verschwanden nicht. Sie wurden wirklicher. Da war keine Luft, da war irgendetwas mit Materie. Erde. Ja, es war: Land. Eine Insel jenseits der Unendlichkeit. Christoph lachte, jubelte, tanzte über das Deck. Es war alles wahr.

Sie gleiten durch smaragdgrünes Wasser. Langsam, am Ende fast gemütlich, aber unaufhaltsam. Sie lachen sich an. Vor ihnen liegt die Insel. Riesige, sattgrüne Palmen wiegen in der frischen Brise. Die Insel auf der anderen Seite der Erde. Sie lassen das Boot zu Wasser und rudern zum Strand.

VII

An diesem Morgen geht Kolumbus sehr früh los. Seine Männer schnarchen und grunzen noch, als er das Lager verlässt. Er will alleine sein. Er geht den Strand entlang, schief, das rechte Bein nachziehend, langsam, aber unaufhaltsam. Bis ans Ende der breiten Bucht geht er und noch ein Stück weiter bis zum Felsen, von dem aus das Riff zu sehen ist. Kolumbus braucht auch die Hände, um seinen kranken, geschundenen Leib den Felsen hochzuwuchten. Er atmet schwer, hustet, doch dann steht er oben. Alleine, windumweht, in die Ferne blickend wie sein eigenes Denkmal. Er genießt die frische Luft des Morgens, das milde Licht, die belebende Brise. Er genießt das Alleinsein. Rechts von ihm donnern unablässig die Wellen gegen das Riff, es zischt, schäumt und spritzt. Das ist das Sinnbild meines Lebens, denkt Kolumbus. Erbarmungslos, unaufhaltsam rennt das Schicksal gegen mich an. Ich aber halte stand. Die Ereignisse sind zu groß für mich. Ich aber halte es aus. Tage und Nächte schlaflos an Deck. Ich halte es aus. In Ketten gelegt und abtransportiert wie ein böses Tier. Ich halte es aus. Betrogen, verleumdet, verlacht. Ich halte dem stand.

Undank. Nichts als Undank habe ich geerntet. »Wir warten auf Euren Dank, Admiral«, hatte der König gesagt, als er ihm damals, 1496, großmütig die dritte Reise genehmigte. Endlich genehmigte, nachdem er, Kolumbus, immer und immer wieder auf Knien darum gebettelt hatte. Und: »Euer Dank muss Gold heißen.« Schön. Und andersrum: Wo war der Dank des Königs an Kolumbus? Dafür, dass er ihm neue Welten eröffnet, sein Reich um ein immer noch unbekanntes Vielfaches vergrößert hat? Der Dank besteht darin, noch mehr zu wollen. Mehr und immer noch mehr. Noch mehr Land und vor allem mehr Gold. Zum Dank wird geschachert und geschwindelt wie auf einem Bazar in Konstantinopel. Der König beschäftigt ein ganzes Heer Rechtsgelehrter, das nichts anderes zu tun hat, als Kolumbus' Privilegien zu schleifen. Satz für Satz, Wort für Wort werden die Abmachungen zerlegt, auf dass sich alle Zusagen in heiße Luft auflösen sollen. Das ist der Dank.

Was soll ich eigentlich noch alles tun, fragt sich Kolumbus. Seewege nach Indien eröffnen, neue Welten entdecken, riesige Städte mit goldenen Dächern erobern, Großkhane gefügig machen, alle Heiden bekehren, der heiligen Kirche Kathedralen bauen, Tonnen an Gold, Silber und Edelsteinen nach Spanien schaffen, am besten noch mit den eigenen Händen. Mach schon, Kolumbus, hopphopp. Wann ist es genug?

Wann endlich ist es genug?

Kolumbus steht auf dem Felsen und spürt den Zorn. Er atmet schwer und schwitzt. Das ist der Zorn, den er vor seinen Männern immer verbergen muss, um sie nicht zu demoralisieren. Der Zorn auf die Scheinheiligkeit der Königin, den undankbaren König und seine Winkeladvokaten, den arroganten, faulen, unbelehrbaren Adel, die gnadenlos fordernde Kirche. Auf all die Profiteure und Provokateure, die daheim sicher und sehr bequem in ihren warmen Betten liegen, während er Orkanen entgegentreten muss, mit Giftpfeilen beschossen und von Riesenechsen beinahe gefressen wird. Sein Federbett ist ein stinkender Strohsack. Sein abendliches Festmahl ist eine halbrohe Baumratte. Sein Schloss ist ein brüchiger Holzverschlag an Deck eines zernagten Schiffswracks. Bravo, Kolumbus.

Doch es ist nie genug. Niemals ist es genug.

Sie wollen alles. Sie pressen mich aus bis zum letzten Blutstropfen. Damit aber ist es nicht genug. Ungeniert opfern sie selbst mein Seelenheil. Schaffe uns Profit, brüllen sie. Darum hat er, als kein Gold zu finden war, Indianer als Handelsware nach Spanien geschickt. Jetzt schimpfen sie ihn einen Sklavenhändler, einen elenden Menschenschinder. Er werde sich, so drohte ihm vor der Abfahrt ein hoher Repräsentant der Kirche, vor Gottes Strafgericht für seine Schandtaten wider die Bewohner Indiens zu verantworten haben. Gottes Rache werde fürchterlich sein. Nicht alleine, dass ich hier auf Erden um den Lohn meiner Taten betrogen werde, denkt Kolumbus, ich werde zudem in der Hölle brennen, während die Edelleute, die auf Kastiliens Schlössern meinen Profit verprassen, auch der himmlischen Herrlichkeiten gewiss sind. Kann Gott so unfair sein? Kolumbus ahnt: Er kann.

Selbst Tejo verachtet mich, denkt der einsame Mann auf dem wellenumtosten Felsen. Selbst der Schiffsjunge weiß, dass ich Unrecht tue. Ich tue es trotzdem. Ich komme da nicht mehr raus. Was ich entdeckt habe, lässt sich nicht mehr verbergen. Ich habe die Tat vollbracht. Jetzt will ich auch den Lohn haben. Mein Körper ist krank und gebrochen, mein Seelenheil ist wohl dahin – soll das alles umsonst gewesen sein? Zumindest meine Kinder und deren Kinder sollen profitieren von einer großen Tat, die den Täter am Ende ins Höllenfeuer brachte. Ich habe es getan. Ja: Ich habe es getan!

Gnadenlos werfen sich die Wellen immer und immer wieder gegen das Riff. Undank, nichts als Undank.

Kann es tatsächlich sein, denkt der wütende Admiral, dass Spanien mich auf dieser Insel verrotten lässt? Dass sie wissen, wo ich bin und wie man mich retten kann, jedoch nichts unternehmen. Nichts tun, bis ich tot bin. Nichts tun, weil sie wollen, dass ich tot bin. Kann das sein? Gibt es eine solche Niedertracht?

Eine dumme Frage. Die dumme Frage eines naiven Schwärmers. Natürlich gibt es solche Niedertracht. Solche und noch viel schlimmere. Er hat es ja selbst erlebt als Gouverneur auf Hispaniola. Wie ihm da die spanischen Edelleute ins Gesicht lachten und ihn in der nächsten Sekunde ermorden wollten. Jedes Mal, wenn er ihnen den Rücken zudrehte, musste er damit rechnen, dass ein Dolch niederfahren würde, er würde nur nicht wissen, wer ihn führen würde.

Allein die Kraft und das Schwert seines Bruders Bartolomeo, des Metzgers, hatten ihn, den Admiral und von den Majestäten bestellten Vizekönig, auf Hispaniola gerettet. Dabei wollte er das alles gar nicht. Er wollte keine Städte bauen, keine Weizenfelder anlegen, nicht die Rindviecher zählen und schon gar nicht gierige Spanier in Zaum halten. Er wollte keine Bilanzen, keine juristischen Schriftstücke, keine Notare und keine Verhandlungen. Er wollte entdecken. Er wollte mit vollen Segeln wieder hinaus auf das Meer, weitere Inseln finden und dann natürlich das Festland dort hinten, jenseits des Schleiers. Er, Kolumbus, wollte weiter.

Und nun ist er hier. Am Ende der Welt. Mit einem verwahrlosten Haufen Männer an einem schmutzigen Strand, wo er sich mit billigen Tricks die Eingeborenen gefügig macht. Kolumbus, König der Baumratten. Gut, kann man sagen, so etwas passiert auch mal einem edlen Entdecker, der kleine Holzwurm hat schon manchen Großen zu Fall gebracht. Das ist sozusagen Berufsrisiko. Aber dass man ihn hier siechen und schmachten lässt, obwohl es ein Leichtes wäre, ihn zu retten, das ist ungeheuerlich im wahrsten Sinne des Wortes. Das Werk von Ungeheuern. Tiefste Niedertracht und höchster Undank. »Hunde«, brüllt der entsorgte Entdecker den anrollenden Wellen entgegen. »Undankbare, elende, gierige Hunde!« So laut brüllt er, dass er denkt, man wird ihn sogar drüben auf Hispaniola hören.

»Hunde, Hunde, Hunde!«

Seit drei Tagen hat Amerigo Vespucci das Bett kaum verlassen. Er liegt auf dem Rücken und starrt die Holzbalken an. Die Decke hat er bis zur Nasenspitze hochgezogen, ihn fröstelt, obwohl das Klima auf Hispaniola wahrhaftig nicht zum Frösteln ist. Ab und zu schiebt der schüchterne Diener seinen Kopf durch die Türe und fragt, ob der verehrte Herr Vespucci etwas benötige, ob er ihm vielleicht eine

Hühnersuppe servieren lassen solle. Der berühmte Entdecker starrt weiter die Balken an und schüttelt den Kopf. Er mag nichts essen, er mag mit niemandem reden. Bloß Wein lässt er sich bringen. Doch der will nicht wirken.

Wenn sich die Jahrhunderte überspringen ließen und – sagen wir – Sigmund Freud in seiner Praxis in Wien diesen Patienten begutachten könnte, dann würde er wohl eine situative Depression oder eine massive Angststörung diagnostizieren. Tatsächlich, Amerigo Vespucci hat schreckliche Angst. Zwei Nachrichten haben ihn aufs Lager geworfen: Méndez ist aus dem Kerker entkommen, und: etwa zur gleichen Zeit haben drei Schiffe Hispaniola in Richtung Spanien verlassen. Die zweite Nachricht entfesselt ihre Sprengkraft nur, wenn man sie mit der ersten kombiniert. Dann bedeutet sie, dass es Méndez durchaus gelungen sein könnte, an Bord eines dieser Schiffe zu gelangen. Einem Haudegen, der übers offene Meer paddelt und sich anschließend durch den ganzen Dschungel schlägt, muss man das als eine seiner leichtesten Übungen zutrauen. Demnach ist Méndez uneinholbar auf dem Weg nach Spanien, wo er gewiss eine hässliche Geschichte über einen unglücklich gestrandeten Admiral auf der einen und ruchlose Verräter auf der anderen Insel erzählen wird. Die Geschichte ist so gut, dass sie höchstwahrscheinlich sogar die Königin und der König hören werden. Wenn das kein Grund ist, im Bett zu bleiben.

Schuld wird bekanntlich stets von oben nach unten durchgereicht. Ihre Majestäten werden selbstverständlich ihren Gouverneur Nicolás de Ovando beschuldigen, und der wiederum wird ebenso schnell einen Schuldigen gefunden haben. Einen bösartigen Schmeichler und Lügner, Ausländer zudem, der übers Meer kam, um ihn zu desinformieren, zu verwirren und gezielt gegen Kolumbus aufzubringen. Einen höchst gemeinen Ohrenflüsterer. Die stinkende Zelle mit der Pritsche und dem Fäkalieneimer habe ich ja schon besichtigt, denkt Vespucci. Vermutlich wird mich Freund Ovando demnächst dort einquartieren. Dass sich damit auch die hochfliegenden Entdeckerpläne erledigt haben werden, versteht sich von selbst. All die Schwindelgeschichten werden auffliegen. Es wird in Europa einen riesigen Skandal geben. Kolumbus wird nach Spanien zurückkehren, Amerigo Vespucci in der stinkenden Versenkung verschwinden und Amerika niemals Amerika heißen.

Selbstverständlich hatte er nach seinem Gespräch mit Méndez dem Gouverneur geraten, Kolumbus auf Chaymaka verrotten zu lassen. Dringend geraten. Das sei in der Tat ein Gottesgeschenk. Die eleganteste Methode, das Problem Kolumbus zu lösen. Genau so und nicht anders sei es im Sinne Ihrer Majestäten. Risikolose Problemlösung durch Nichtstun, genial sei das. Sauber, diplomatisch, ohne böses Blut. Die Majestäten werden es ihrem schlauen Gouverneur danken. Er werde der Retter Spaniens sein. Ovando, an jenem frühen Abend bereits sturzbetrunken und in düsterer Stimmung, hatte nur blöde genickt und den schüchternen Diener nach mehr Wein geschickt. Um aber alles zu erledigen, hatte Vespucci geflüstert, müsse auch Méndez sozusagen final erledigt werden, falls der Gouverneur verstehe, was er meine. Sonst bestehe die Gefahr, dass der eine Version der Geschichte ausplaudere, die weder im Sinne der Majestäten noch ihres Gouverneurs sein könne. Wieder glotzte Ovando aus trüben Augen und nickte mit schwerem Kopf.

Ja, so war das gewesen. Im Grunde alles geregelt. Und dann lässt ein hirnloser Kerkermeister die Türe offen oder was sonst an Dämlichkeit geschehen sein mag, und schon lauert der Abgrund, wo bislang Glück und Zukunft schienen.

Am vierten Abend muss der schüchterne Diener nicht bloß die Nasenspitze, vielmehr den halben Dienstleisterkörper durch die Türe strecken, um dem Patienten mitzuteilen, dass der Gouverneur ihn in einer halben Stunde zu sprechen wünsche. Das gehe nicht, haucht Vespucci bemitleidenswert dünn von seinem Lager her, er sei schwach und krank und könne sich leider nicht erheben. Das, wagt der schüchterne Diener zu entgegnen, sei eine Antwort, die der Herr Gouverneur üblicherweise nicht hören wolle. Schon ist er wieder draußen, und Amerigo Vespucci beginnt, sich aus den Decken zu wühlen.

»Aha, mein lieber Herr Vespucci«, empfängt ihn der Gouverneur. Er sitzt wieder an seinem gewaltigen Holztisch, wieder hat er ein Glas Wein vor sich und wieder dämmert es. »Ihr wart krank, hörte ich.«

»Ein altes Leiden«, antwortet Vespucci mit leiser, dünner Stimme und in der vagen Hoffnung, angesichts seiner angegriffenen Gesundheit könnte der offensichtlich schlecht gelaunte Gouverneur zu etwas Mäßigung und Wohlwollen neigen.

»Ein Nervenleiden, vermute ich.«

Ein Angriff, eine Frechheit? Amerigo Vespucci weiß nicht, was er darauf antworten soll und räuspert sich nur. Ovando lehnt sich genüsslich zurück, nimmt gemächlich das Weinglas, führt es ebenso gemächlich an die Lippen und schaut sich derweil seinen Gast an. Ein Stutzer, ein Prahlhans, natürlich. Und bald mein Sündenbock.

»Dumme Sache, das mit Méndez«, sagt der Gouverneur. Er deutet auf den Stuhl ihm gegenüber. Amerigo Vespucci setzt sich und bestätigt schlicht: »Ja.«

»Ich lasse die halbe Insel nach ihm absuchen. Bisher vergebens. Bei einem Kerl wie ihm wundert mich das nicht. Ein durchtriebener und zäher Bursche.«

»Und leider ein Idealist.«

»Das kommt dazu.«

»Was ist denn passiert?«

Der Gouverneur gönnt sich den nächsten Schluck Wein. »Ich habe nach unserem letzten Gespräch Eure, ja, Anregung aufgegriffen und dem Kerkermeister einen satten Beutel Geld gegeben, damit er gewisse Dienste final erledigt. Und was tut der Idiot? Nimmt das Geld, besäuft sich bis zur Besinnungslosigkeit und lässt die Kerkertüre offen. Selbst ein hundertjähriger einbeiniger Blinder hätte aus diesem Kerker fliehen können. Ich habe den Idioten peitschen lassen. Außerdem bewohnt er jetzt selbst das Kerkerloch.«

Wenn der Gouverneur ein ordentlicher Gastgeber wäre, würde er mir jetzt ein Glas von seinem Wein anbieten, denkt Vespucci. Aber offensichtlich will er kein guter Gastgeber sein.

»Ihr denkt, was ich denke?«, fragt Vespucci.

»Ich denke, dass Méndez auf dem Weg nach Spanien ist. Die Schiffe sind weg. Nichts, was wir hier tun, kann daran das Geringste ändern.«

»Eine Katastrophe!«, entfährt es Vespucci. Kopf und Schultern sacken nach unten. Das war's also. Ex-Freund Ovando geht schon mal auf Abstand. Wahrscheinlich werden der Kerkermeister und ich uns das Zellenloch samt Fäkaleimer teilen müssen.

»Es zwingt uns« – der Gouverneur räkelt sich in seinem Stuhl – »zumindest zu einer neuen strategischen Ausrichtung. Plan A, nennen wir ihn: Triumph durch Nichtstun, ist jetzt zu heikel. Wenn Méndez Spanien erreicht …«

»Ich weiß, was dann passiert«, fällt ihm Vespucci ins Wort. Seit drei Tagen verzweifelt er bei den geistigen Ausgestaltungen dieser Vorstellung, es ist nicht erforderlich, dass der Gouverneur sie ihm noch einmal in groben Worten darlegt.

»Also Plan B.«

Das zusammengesackte Häuflein Vespucci reagiert nicht. Es versteht zunächst auch nichts. Sollte es noch einen anderen Plan geben als den, ihn im Kerker verfaulen zu lassen? Der Gouverneur lässt sich vom schüchternen Diener Wein nachschenken.

»Wir wissen nicht, was auf Chaymaka los ist, Vespucci. Wahrscheinlich ist Kolumbus längst tot. Von den Wilden massakriert oder von seinen eigenen Leuten, egal. Oder elend verhungert, auch egal. Hauptsache tot. Aber wir wissen es nicht und deshalb …«

Zaghaft schaut Vespucci hoch, ein Anflug des Verstehens.

»… werde ich nachschauen lassen. Ich schicke ein Schiff. Wenn Kolumbus tot ist, werde ich guten Gewissens sagen können: Ich habe ja ein Schiff geschickt, so schnell wie mir möglich. Mein Herz ist rein. Leider habe ich erst sehr spät von der misslichen Lage des hochverehrten Admirals erfahren, und dann stand zunächst kein Schiff zur Verfügung, wegen der dauernden Aufstände auf Hispaniola und der Versorgungskrise und so. Schließlich melde ich aus guten Gründen ununterbrochen nach Spanien, dass wir dringendst mehr Material brauchen. Dringendst. Als ich endlich ein Schiff hatte, habe ich es beherzt sofort in See stechen lassen. Aber leider, leider …«

»Und wenn er noch lebt?«

»Dann lassen wir ihn dort und überlegen neu. Jedenfalls wird uns niemand mehr Untätigkeit nachsagen können.« Der Gouverneur lächelt ein gemeines Lächeln und belohnt sich mit einem weiteren Glas Wein. Er schlürft und schlotzt und schluckt gut hörbar. »Wir sind mit im Spiel. Und wie lange so ein Spiel dauert, hängt von vielen Faktoren ab. Unkalkulierbar das Ganze, zumal hier draußen, am Rande der Zivilisation. Manchmal dauert es bis in alle Ewigkeit.«

»Ihr wollt Kolumbus weiter tot sehen?«

»Selbstverständlich.«

»Aber Ihr tut so, als würdet Ihr ihn ein bisschen retten.«

»Exakt. Das, lieber Vespucci, nennt man übrigens Diplomatie.«

»Und wie wollt Ihr verhindern, dass Kolumbus und seine Männer an Bord des Erkundungsschiffes gehen?«

»Ganz einfach«, grinst Ovando. »Ich schicke ein sehr kleines Schiff. Die großen sind leider, leider alle im Einsatz, Aufstände und Versorgungskrise und so, Ihr wisst ja, die Lage ist heikel. Der Kapitän wird einzig dem Admiral anbieten, ihn an Bord zu nehmen. Das wird Kolumbus, eitel und edel, wie er sich nun mal gerne gibt, brüsk ablehnen. Ich lasse doch meine Mannen nicht im Stich, wird er empört rufen und schön brav auf Chaymaka hocken bleiben.«

Stille. Der schüchterne Diener erscheint, um die Kerzen anzuzünden.

»Ihr seid nicht einverstanden mit meinem Plan, Vespucci?«

»Er ist …«

»Ja?«

»… nicht wirklich gut.«

»Warum? Ich versuche doch, Kolumbus zu retten. Was kann ich dafür, dass er so edel ist?«

»Aber richtig geschickt steht Ihr auch nicht da, verehrter Gouverneur. Eher zaudernd, unbeholfen und entscheidungsschwach.«

Ovando beugt sich weit über den Holztisch. Sein Hals scheint sich zu verlängern wie bei einer Schildkröte, die Trinkeraugen glotzen Vespucci an. Er sagt leise: »Was meine Reputation betrifft, mein lieber Herr Vespucci, habe ich einen weiteren Plan. Plan C. Ich glaube allerdings nicht, dass der Euch sehr gut gefallen wird.«

Dem Häufchen Elend auf der anderen Seite des Tischs wird noch elender. Amerigo Vespucci hat verstanden. »Ich finde Plan B jetzt doch ziemlich vorteilhaft«, sagt er leise.

Ovando haut beide Handflächen auf den Tisch. »Dachte ich mir«, sagt er, und dann, wärmer: »Ich hätte Euch ja gerne ein Gläschen Wein angeboten, mein verehrter Herr Vespucci. Aber Ihr seht so krank aus. Grünlich fast. Ihr braucht eher einen Milchbrei. Ihr solltet Euch doch wieder hinlegen.«

»Natürlich«, haucht Vespucci. Er versucht aufzustehen, wankt, der schüchterne Diener springt ihm bei. Er stützt ihn und führt ihn hinaus.

»Wie lange müssen wir noch auf dieser verdammten Insel bleiben?«

Resigniert schüttelt Kolumbus den Kopf. Er ist es leid, diese elende Wette zu gewinnen.

»Wie ist dein Name?«

»Ramón, Herr.«

»Ja, ich erinnere mich«, seufzt der Admiral des Ozeanischen Meeres. Sie sitzen in dem engen Verschlag auf dem Deck der Capitana, wie immer ist es eklig stickig. Mitarbeitergespräch Nummer fünf an diesem Tag. Ramón hat eine Visage wie eine Bulldogge, zusätzlich entstellt durch eine Narbe, die quer vom linken Mundwinkel zur rechten Stirnecke führt. Vermutlich ein Messerkampf in einer ganz üblen Spelunke.

»Ein paar Tage noch, Ramón. Nur ein paar Tage noch. Sei gewiss: Die Rettung ist unterwegs.«

Ramón sieht den Admiral böse an. »Ihr sagt immer das Gleiche«, poltert er. »Gestern, vorgestern. Vor einer Woche.«

»Geht es dir denn schlecht hier, Ramón?«

»Ja.«

»Warum?«

»Nix Ordentliches zum Essen, keine Weiber und Wein und Schnaps sind auch alle.«

»Und sonst?«

»Alles dreckig. Wie im Saustall.«

»Dann solltet ihr mal kräftig putzen, Ramón. Zeit habt ihr ja genug.«

»Ich bin nicht aufs Meer raus, um irgendeinen Strand zu putzen.«

Kolumbus lehnt sich zurück und schließt die Augen. Er atmet tief ein, doch die Luft im Kabuff ist schimmelig und verbraucht. Herr, lass das enden, fleht der Admiral. Ich kann dieses Gequatsche nicht mehr ertragen. Lieber sieben mal sieben Stürme, lieber den Weltuntergang als dieses Geseiere und Gejammere. Ich kann es nicht mehr hören. Ich nehme den Dolch und schlitze mir augenblicklich die Brust auf, bloß damit Ruhe ist.

Nach einer Minute öffnet Kolumbus die Augen. Müde und langsam sagt er: »Ramón, soweit ich weiß, warst du in Spanien zum Tode verurteilt wegen … hilf mir weiter …«

»Irgend so 'ner Frauensache«, grummelt der Seemann.

»Die Herren Richter haben dir die Wahl gelassen: den Galgen oder diese Reise mit mir. Du hast dich für die Reise entschieden. War das ein Fehler?«

Ramón grummelt.

»Sag mir: War das ein Fehler?«

»Nein.«

»Eben. Ohne diese Reise wärst du längst tot. Ohne mich wärst du längst tot. Du schuldest mir also etwas.«

»Was denn?«

»Treue, mein lieber Ramón. Treue, Gehorsam und Vertrauen. Du kannst mir vertrauen. Ich habe euch aus jeder Lage gerettet. Man wird uns von dieser Insel wegholen.«

»Glaube ich nicht.«

Sturer als ein Esel, denkt Kolumbus. Dümmer als ein Wurm. Was soll ich da noch sagen? Und warum immer ich? Er sieht die Bulldogge streng an.

»Zur Erinnerung, Ramón: Du bist hier auf Bewährung. Wenn du dich auf dieser Reise bewährst, bist du frei und bekommst sogar noch eine Belohnung. Eine üppige Belohnung, wie ich sagen darf. Wenn aber nicht …«

»Alles Gequatsche«, mault Ramón. »Spanien ist weit weg. Die Richter sind schwanzlose Trottel. Und mir gefällt's hier überhaupt nicht mehr.«

»Mir auch nicht«, hebt Kolumbus an. »Aber wenn man neue Welten erobern will, neue Horizonte …«

»Gequatsche. Alles Gequatsche.«

»Also gut, mein lieber Ramón, dann ganz einfach. Es gibt für dich zwei Möglichkeiten. Möglichkeit 1: Du verlässt das Lager und schließt dich den Meuterern an. Dann, das garantiere ich dir, wirst du diese Insel niemals wieder verlassen. Möglichkeit 2: Ich lasse dich jetzt gleich in Ketten legen und bringe dich nach unserer Rettung zurück nach Spanien, wo du doch noch ordentlich gehängt wirst. Also wähle.«

Ramón schweigt und schaut auf den Boden.

»Wähle!«

»Beides nicht so gut«, mault er.

»Sehe ich auch so, Ramón. Darum, und zwar zum allerletzten Mal, die Möglichkeit 3: Du entschuldigst dich für deinen Ungehorsam. Du gehst zurück zu deinen Kameraden, du redest ihnen gut zu, du hilfst tüchtig mit, du putzt und räumst auf. Dann nehme ich dich mit zurück nach Spanien, in Ehren, und erzähle den Richtern, dass du dich in der Neuen Welt bewährt hast. Dass du ein tapferer und treuer Seemann warst. Dass du deinem Land, den Majestäten und der heiligen Kirche gute Dienste geleistet hast. Man wird dich in die Freiheit entlassen und üppig Geld in deinen Beutel tun und dann …«

Kolumbus macht eine Kunstpause und sieht zu, wie die Bulldogge vor ihm allmählich zahm wird.

»… und dann, mein Lieber, kannst du dich besaufen!«

Ramón nickt. Er schaut nicht auf, aber er sagt gut vernehmbar: »Entschuldigung.«

»Es ist deine letzte Chance, Ramón!«

»Entschuldigung!«

»Also gut«, sagt der Admiral mit fester Stimme. »Und nun geh und tu, was ich dir gesagt habe.«

Ramón trollt sich. Kolumbus gießt sich etwas Wein ein, der so warm und ölig träge ist, dass er die Kanne kaum verlassen mag. Der

Entdecker lehnt sich zurück und denkt, wie es wohl wäre, wenn er selbst einmal ein solches Mitarbeitergespräch mit seinem Vorgesetzten, dem König, führen würde. Ein amüsanter Gedanke.

Kolumbus: »Wie lange müssen wir noch auf dieser verdammten Insel bleiben?«

König: »Ein paar Tage noch, mein tapferer Admiral. Nur ein paar Tage noch. Seid gewiss: Die Rettung ist unterwegs.«

Kolumbus: »In mir wächst die Sorge, dass Ihr mich gar nicht retten wollt, Majestät. Dass Euch mein Verschollensein ganz gut ins Geschäft passt.«

König (beleidigt): »Wie könnt Ihr so etwas sagen, Admiral? Ihr wisst sehr wohl, wie hoch ich Euch schätze. Euch als Person und alles, was Ihr für mein Königreich geleistet habt.«

Kolumbus: »Bedauerlicherweise bin ich mir da nicht mehr so sicher.«

König: »Ich frage noch einmal: Wie könnt Ihr so etwas sagen?«

Kolumbus: »Nun, Ihr versucht andauernd, mich übers Ohr zu hauen. Ihr beschneidet meine Rechte. Ihr marginalisiert meinen Anteil. Ihr haltet Euch nicht an unseren Vertrag.«

König (beleidigt und jetzt auch noch wütend): »Wie könnt Ihr es wagen, Kolumbus!«

Kolumbus (standhaft): »Ich sage die Wahrheit, Majestät. Ihr betrügt mich. Und Ihr beleidigt mich. Vor Euren Toren lasst Ihr mich warten wie einen Bettler. Wochenlang, monatelang. Ich stehe da, Euer Admiral und Vizekönig, und werde nicht vorgelassen. Täglich zur Mittagszeit teilt mir einer Eurer blasierten Büttel so nebenbei mit, Ihr hättet leider auch heute keine Zeit für eine Unterredung. Ich solle es bitteschön morgen wieder versuchen. Und so weiter und so fort. Wie bei einem Bittsteller. Einem Bettler. Entwürdigend.«

König: »Ich als König habe …«

Kolumbus: »... viel zu tun, ich weiß. Und das vor allem wegen der neuen Welten, die ich für Euch gefunden und erobert habe. Es tut mir leid, Majestät, dass ich dadurch Eure Arbeitsbelastung so verantwortungslos in die Höhe getrieben habe. Dass Ihr jetzt so viel zu regieren und zu verteilen habt. Ich werde es niemals wieder tun.«

König: »Es sind unruhige Zeiten, Kolumbus!«

Kolumbus: »Meinetwegen, ich weiß. Verzeiht.«

König: »Ihr fasst das alles falsch auf, Admiral.«

Kolumbus: »Ich denke nicht.«

Eine unangenehme Pause.

König (sanfter): »Das mit dem Vertrag, mein guter Admiral, ist tatsächlich ein Problem. Da müssen wir nochmal in Ruhe reden. Unbedingt. Ihr müsst das einsehen: Es kann nicht sein, dass ich Euch den zehnten Teil von allem überlasse, was Ihr entdeckt habt und noch entdecken werdet. Das wären ja Riesenreiche. Unvorstellbare Summen. Unmöglich ist das, ganz unmöglich.«

Kolumbus: »Das hättet Ihr Euch vorher überlegen müssen. Abgemacht ist abgemacht.«

König: »Unsinn, Kolumbus! Mein Adel würde mich vierteilen, wenn ich Euch all das überlassen würde. Es gäbe eine Revolution. Brutal und blutig. Bedenkt das, Kolumbus. Mit mir könnt Ihr angenehm verhandeln. Ich bin Euer Freund. Doch gebe ich Euch nach, werde ich aus dem Palast gefegt. Und eines ist sicher: Meine Nachfolger werden Euch nicht gewogen sein und Euch keinesfalls mit edlem Wein bewirten. Sie hassen Euch. Nicht mal den Schmutz unter Eurem Fingernagel werden sie Euch gönnen. Ich, mein lieber Kolumbus, bin Eure Garantie für Sicherheit und Stabilität.«

Kolumbus: »Abgemacht ist abgemacht.«

König (zischend): »Wenn Ihr so stur auf allen Gewinnen beharrt, Kolumbus, dann habt Ihr gefälligst auch die Risiken und Verluste mitzutragen. Wäre ja noch schöner! Die Kosten und Risiken trägt

Spanien, die Gewinne streicht ein gewisser Herr Kolumbus ein. Dieser Herr Kolumbus, angereist aus Genua oder von sonst wo. Wisst Ihr eigentlich, was uns Eure Entdeckungen kosten? Unsummen, Kolumbus, Unsummen! Die Staatskassen sind leer. Zudem müssen wir aufrüsten, weil bei unseren Nachbarn die Lust auf Beutezüge in Euren neuen Welten gefährlich wächst. Spanien steht vor dem Ruin und ist zudem von Feinden umzingelt. Das, mein lieber Kolumbus, ist die Realität. Beteiligt Euch an den Ausgaben. Dann können wir uns auch die Gewinne teilen. Falls es jemals Gewinne geben sollte.«

Kolumbus: »Das alles hättet Ihr Euch vorher überlegen müssen, Majestät. Wir haben nie über Sandbänke oder winzige Felsinselchen verhandelt. Es war immer von Riesenreichen die Rede.«

Wieder eine unangenehme Pause.

König (um Mäßigung bemüht): »Gut, Kolumbus. Mein Freund Kolumbus. Sehen wir die Sache realistisch. Wir beide, du und ich, sind in einer Zwangslage. Doch glücklicherweise sind wir auch in der Lage, uns gegenseitig zu helfen. Mein Vorschlag: Du korrigierst deine Forderungen an uns um eine Kommastelle nach links und dafür lassen wir dich von dieser Insel holen. Das wäre die Lösung. Die Rettung für uns beide. Zudem lege ich noch ein Schloss in Kastilien drauf. Das ist doch ein Angebot! Was sagst du? Komm, schlag ein!«

Mit einem Seufzer steht Kolumbus auf und öffnet die Lattentüre des Verschlags. Hitze fällt ihn an und der Gestank des verlotterten Lagers. Er tritt aufs Deck und schaut zum Strand. Träge das Meer, der Sand wohl kochend heiß, die Palmen hitzegrau und schlaff. Ein öder Ort. Wahrscheinlich, denkt Kolumbus, werde ich ihn niemals wieder verlassen.

VIII

Gut 22 Jahre nach den Ereignissen auf der Insel Chaymaka und 20 Jahre, nachdem der Admiral mit den letzten Worten »In deine Hände, o Herr, befehle ich meinen Geist« in Valladolid gestorben war, sitzen in einer schändlichen Hafenkneipe in Omis an der dalmatinischen Küste drei Stammgäste beieinander und saufen den billigsten Wein und den schlimmsten Schnaps. Sime, der Älteste, mit dem Gesicht einer verschrumpelten Aprikose, liegt schon mehr auf dem schmutzigen Tisch, als dass er sitzt, während sein Kumpel Ante, der mit dem aggressiven Blick und den grauen Bartstoppeln im Säufergesicht, sich furchtbar langweilt, weil sie sich in den vielen Stunden ihrer Saufereien schon alles erzählt haben.

Das heißt: fast alles.

»Ey«, rülpst Ante und stößt dem Dritten in der Runde an die Schulter, »du hast uns immer noch nicht erzählt, warum du nicht mehr zur See fährst.«

»Unwichtig«, sagt der Angesprochene und starrt in seinen Becher, der unpraktischerweise schon wieder leer ist.

»Ich will's jetzt aber wissen«, beharrt der gelangweilte Ante. Er rülpst wieder, schaut sich nach der Wirtin um und hebt routiniert die rechte Hand, was bedeutet: nächste Runde. »Jedenfalls musst du schön blöd sein. Saublöd. All die anderen Spanier werden jetzt steinreich in diesem Amerika. Bloß du Depp nicht. Du hockst hier dumm rum.«

»Genau. Ich hocke hier dumm rum.«

Ante trommelt mit nervösen Fingern auf der klebrigen Tischplatte. Es kann doch nicht sein, dass es nichts mehr zu trinken und gar nichts mehr zu reden gibt.

»Warst du eigentlich mal in Amerika?«, fragt er so aufs Geratewohl, damit etwas gefragt ist.

»Ja.«

»Echt jetzt?« Ante sieht seinen Saufkumpanen an, als wäre es das erste Mal. Selbst Sime rappelt sich wieder hoch und schaut aus glasigen Augen. Das ist ja mal was.

»Und warum hast du uns das nicht erzählt?«

»Nicht so interessant.«

»Nicht so interessant? Ich erzähl hier alles, sogar von den ekligen dicken schwarzen Haaren an den fetten Beinen meiner Schwiegermutter, und du warst in Amerika und sagst nichts davon. Unerhört!«

»Gibt's dort wirklich nackte Weiber für alle?«, fragt Sime.

»Und Gold, wohin man auch den Fuß setzt?«, fragt Ante.

»Quatsch«, antwortet der Dritte. Man kann, wenn man im Kneipenlicht genau hinsieht und etwas Menschenkenntnis hat, erkennen, dass er mal ein stattlicher Bursche gewesen sein muss. Doch Frust und Suff haben ihm schwer zugesetzt. Das Haar ist strähnig und stumpf, das Gesicht gräulich, faltig und eingefallen, die Augen blicken scheu. Ein Geschlagener.

»Jetzt lass dir bloß nicht jedes Wort aus der Nase ziehen, Diego.« Ante wird allmählich grummelig. »Also: Wann warst du in Amerika?«

»Ziemlich am Anfang.«

»Und wie ist es dort?«

»Heiß und gefährlich.«

»Wegen dieser Indianer, oder? Menschenfresser, oder? Sie häckseln uns Weiße in kleine Fleischstücke und kochen uns dann in großen Töpfen, oder?«

»Das weiß ich nicht«, sagt der Mann, den seine Saufkumpane Diego nennen.

»Oder sie hetzen ihre Weiber auf dich und die bumsen dich tot«, brüllt Sime und lacht so laut, dass von den Nachbartischen alle rüberschauen. Die Drei halt. Immer besoffen.

»Quatsch«, sagt Diego wieder. Selbst ihm, dem stadtbekannten Trinker, ist diese Gesellschaft allmählich unangenehm. Die Wirtin kommt und knallt einen weiteren Krug mit Billigrotwein auf den Tisch. Ante greift danach, als sei er drei Wochen ohne einen Tropfen Trinkbares auf allen Vieren durch die Wüste gekrochen. Er trinkt den Wein in gierigen Schlucken, schnalzt dann und fragt, etwas milder gestimmt: »Warum also gefährlich?«

»Gefährlich, weil man rasch seine Ehre verlieren kann.«

»Und? Hast du deine Ehre in Amerika verloren?«

»Ja.«

Ante und Sime schauen sich an. Kann das sein? Da säuft man jahraus, jahrein mit so einem dahergelaufenen Spanier, einem gestrandeten Niemand, und dann sowas. Der Kerl hat ein Geheimnis. Sagt einfach nichts. Säuft und sagt nichts. Jetzt aber!

»Erzähl!«, befiehlt Ante im Ton eines Untersuchungsrichters.

»Ich rede nicht gerne darüber.«

»Schnell! Oder du kannst deinen Wein ab jetzt selber zahlen.«

»Es ist mir peinlich.«

»Peinlich?«, zischt Sime. »Ich habe euch sogar die Geschichte von mir und der Ziege erzählt, das war peinlich.«

Diego schaut mit seinen scheuen Augen in die Runde und weiß: Da kommt er nicht mehr raus. »Ihr habt Recht«, sagt er. »Aber ihr müsst mir glauben: Die Erinnerung schmerzt mich sehr. Denn ich war einst ein Seemann, ein stolzer Kapitän, und gerade dem Größten unserer Zunft gegenüber habe ich mich unehrenhaft verhalten.«

»Wem gegenüber?«

»Ach was, unehrenhaft ist ein viel zu nobles Wort. Lächerlich ist besser. Oder schäbig. Oder noch besser: peinlich. Ich war dem größten Seefahrer gegenüber einfach nur peinlich.«

»Wem gegenüber?«

»Kolumbus.«

»*Dem* Kolumbus?«

»Genau: *dem* Kolumbus. Dem Entdecker der Neuen Welt. Ich sehe ihn genau vor mir, wie er am Strand steht und mich anschaut, während ich die Ruder ins Wasser tauchen lasse und mich davon mache. Er tobt nicht. Er schimpft nicht. Er sagt kein einziges Wort. Er schaut mich nur an. Und ich versichere euch: Dieser Blick hat mich vernichtet. Die Verachtung des Kolumbus. Sie hat mich aus Amerika verjagt, sie hat mich vom Meer gejagt und schlussendlich hierhergetrieben, in diese schäbige Kneipe, in die Gesellschaft schäbiger Saufbolde. Schäbig ist gerade richtig für mich.«

»Ich muss schon sehr bitten!«, versucht Sime sich zu empören. »Du solltest nicht von dir auf andere schließen.« Diego hört ihn nicht mal.

»Kolumbus steht an diesem schmutzigen Strand. Krank, man sieht es ihm an, sehr krank, aber noch nicht gebrochen. Ich könnte ihn retten. Ich könnte ein Teil seiner glorreichen Geschichte sein. Aber ich lasse ihn stehen. Wie bestellt und nicht abgeholt. Das Kapitänlein Diego de Escobar lässt Christoph Kolumbus einfach stehen.«

»Du wirst deine Gründe gehabt haben.«

Diego lacht auf. »Gründe?«, ätzt er. »Ja, ich hatte Gründe. Niederträchtige Gründe. Ich war Ovandos kleine Spionageratte.«

»Und wer ist jetzt wieder Ovando?« Sime mit den glasigen Augen versucht, den Anschluss nicht zu verlieren.

Wie im Reflex schüttelt Diego den Kopf. Nein, er will diese Geschichte nicht erzählen.

»Ey, wer ist Ovando?«

»Er war Gouverneur auf Hispaniola damals. Don Nicolás de Ovando. Ein niederträchtiger Karrierist.«

»Und was hat der mit Kolumbus zu tun?«

»Er hasste ihn. Er wollte ihn vernichten. Ovando wusste, dass Kolumbus mit seiner Mannschaft auf der Insel Chaymaka gestrandet war. Dort sollte er verrotten, entschied der Gouverneur. Aber dann hat er irgendwie doch Schiss gekriegt. Also rief er mich.«

»Und du warst?«

»Ich war Kapitän in Spaniens Diensten. Ein stolzer Kapitän bis dahin.«

»Aha.« Jetzt sieht auch Sime seinen langjährigen Saufkumpan höchst aufmerksam an. »Käme man heute nicht ohne Weiteres drauf.«

»Ihr müsst wissen«, sagt Diego, »dass ich Kolumbus immer bewundert habe. Er hat es tatsächlich gewagt. Er ist aufs Meer hinausgefahren, hinter den Horizont und noch viel weiter. Er wollte wissen, was hinter dem Schleier verborgen ist. Er hat die Welt viel größer gemacht. Und er war der beste Seemann aller Zeiten. Kein Sturm konnte ihn beugen. Er traf Strömungen und Winde mit traumwandlerischer Sicherheit. Als ich beschloss, zur See zu fahren, dann auch, weil ich ein bisschen sein wollte wie er.«

»Genug gesülzt«, entscheidet Ante. »Was war das jetzt für ein Auftrag von diesem Ovodings?«

»Ein schrecklicher Auftrag. Ich sollte zu einer gewissen Bucht auf der Insel Chaymaka segeln und nachsehen, ob Kolumbus noch lebt.«

»Was ist daran jetzt schrecklich?«

»Schrecklich war der zweite Teil des Auftrags, den Ovando mir erteilte. Er hoffte ganz eindeutig, dass Kolumbus tot sein möge. Sollte er aber wider Erwarten leben, so schärfte er mir wieder und wieder ein, sollte ich ihn keinesfalls retten. Ich sollte absichtlich nur ein kleines Schiff nehmen, viel zu klein, um all die Gestrandeten aufzunehmen. Der Form halber sollte ich Kolumbus zwar anbieten, ihn – aber nur ihn allein! – an Bord zu nehmen, aber natürlich war klar, dass er seine Männer niemals in der Gefahr zurücklassen würde. Kurzum: Ich sollte die Insel verlassen, ohne Kolumbus auch nur ein Jota geholfen zu haben.«

»Und du bist gesegelt?«

»Ja.«

»Und Kolumbus lebte noch.«

»Ich habe ihn sofort erkannt, als wir auf den Strand zuruderten. Alle Männer warteten da und jubelten. Sie tanzten, hüpften und brüllten wie verrückt Hurra-Hurra. Sie glaubten sich gerettet. Natürlich glaubten sie das. Und mittendrin stand ein alter Mann. Er jubelte nicht. Er sah mir mit festem Blick entgegen, und als ich nahe genug war, erkannte ich, dass er auch ein kleines bisschen lächelte. Ein kleines bisschen nur, aber immerhin. Ein Lächeln des Kolumbus, das mir galt. Auch er war froh, dass die Rettung gekommen war. Ich denke, er hatte noch viel vor.«

Ante schüttelt den Weinkrug. Kein Laut. Er schaut hinein. Schon wieder staubtrocken. Er fragt Diego: »Hast du noch Durst?« Doch der antwortet nicht. Er ist weit weg, zurück auf der Insel Chaymaka.

»Ich hätte der Mann sein können, der Christoph Kolumbus rettet. Ich hätte ein Held sein können. Ich hätte. Doch ich habe nicht.«

»Du konntest ja gar nicht.« Sime hat den Faden behalten. »Dein Schiff war zu klein.«

»Quatsch«, erwidert Diego unwirsch. »Ein paar Jahre zuvor, nach Kolumbus' dritter Reise, sind mehrere Mannschaften unter viel schlimmeren Umständen von Hispaniola bis nach Spanien gelangt. Das war eng, da gab es nichts mehr zu essen und kein Wasser mehr. Ich wiederhole: von Hispaniola bis Spanien! Was ist dagegen eine Schifffahrt Hintern an Hintern von Chaymaka nach Hispaniola? Eine Vergnügungsfahrt, sage ich euch. Und außerdem war Kolumbus' Truppe nur noch halb so groß wie am Anfang. Die andere Hälfte hatte gemeutert und war im Urwald verschollen.«

»Du hättest sie also mitnehmen können?«

»Ja.«

»Aber du hast es nicht getan.«

»Nein.«

Sime wird die Stimmung allmählich doch zu drückend. Ist das hier ein Besäufnis oder eine Beerdigung? Er wirft die Hände in die Luft und ruft: »Was soll's? Dieser Kolumbus wurde dann ja doch gerettet!«

»Ja«, sagt Diego in düsterem Ton. »Aber konnte ich das damals wissen? Sie alle hätten schon am nächsten Tag sterben können. Bei einem Angriff der Indianer zum Beispiel.«

»Haben die wirklich nackige, hemmungslose Weiber?«

»Dass Kolumbus doch noch einmal davonkam, macht meine Schuld nicht kleiner. Ich habe ihn nicht gerettet.« Dann, nach einer Pause, fährt Diego fort: »Aber ich hätte es tun müssen. Ich hätte ihn mitsamt seiner Mannschaft an Bord nehmen müssen. Ich hätte sie nach Hispaniola bringen und dem verdutzten Ovando ins feiste Gesicht lachen müssen: Was glaubst du denn, du Büttel? Glaubst du wirklich, ich lasse diesen großen Mann einfach so zugrunde gehen, weil dir das so in dein Kabinett passt? Das hätte ich ihm sagen müssen.«

»Du und dein Kolumbus«, sagt Ante. »Was habt ihr denn geredet?«

»Nicht viel. Er führte mich den Strand hoch zu zwei Schiffswracks. Die sahen jämmerlich aus, total ramponiert und wurmzerfressen. Drumherum war ihr Lager. Dort lebten die Gestrandeten schon seit fast einem Jahr. Wir kletterten an Deck eines der Schiffe. Dort oben hatten sie für Kolumbus einen Verschlag gebaut. Er führte mich hinein und fragte, was mein Auftrag sei. Ihn an Bord zu nehmen und sonst niemanden, antwortete ich zackig. ›Sonst niemanden?‹ Er fragte das erstaunt. Aber dieses Erstaunen währte nur sehr kurz, dann hatte er begriffen. ›Dein Auftrag kommt von Ovando, oder?‹, fragte er. Ich nickte. Er sah mich lange an und fragte dann: ›Und du wirst ihn ausführen, Kapitän?‹ Ja, antwortete ich, gewiss werde ich ihn ausführen. Ich werde brav tun, was man mir aufgetragen hat. ›Wenn meine Männer das erfahren, werden sie dich in Stücke reißen‹, warnte mich der Admiral. ›Ich bringe dich jetzt in aller Ruhe zurück zu deinem Boot. Tue so, als hättest du vor der Rückfahrt an Bord noch einiges vorzubereiten. Leg lässig ab, ohne große Abschiedsworte, und dann segle los. Erst dann werde ich den Männern alles zu erklären versuchen.‹«

»Er hat nicht darüber nachgedacht, seine eigene Haut zu retten?«

»Keine Sekunde. Niemals hätte er seine Leute im Stich gelassen. Kolumbus? Niemals.«

»Nette Heldengeschichte«, ranzt Ante. »Und zugegebenermaßen unterhaltsam. Ich habe von diesem Kolumbus aber schon ganz andere Geschichten gehört. Dass er ein elender Leuteschinder war, ein Sklavenhändler, rücksichtslos und mindestens so goldgierig wie sein König. Zudem noch ein Jammerlappen.«

Diego schaut auf. Die Scheu ist aus seinem Blick verschwunden. Zornig sagt er: »Du nennst Kolumbus einen Jammerlappen? Du nichtsnutziger, armseliger Säufer nennst Christoph Kolumbus einen Jammerlappen? Was erlaubst du dir!« Er greift seinen Becher und wirft ihn nach Ante. Der bringt erstaunlich elegant seinen Kopf aus der Gefahrenzone. Der Becher kracht gegen die Wand, die Wirtin schaut zu den Dreien hinüber und hebt drohend den Zeigefinger.

»Idiot«, sagt Ante.

»Traurige Geschichte«, sagt Sime. »Und ganz ohne nackerte Weiber.«

»Tut mir leid«, sagt Diego. Er hebt den Arm. Es braucht noch eine Runde. Er flüstert: »Niemals hätte ich davonrudern dürfen. Wie schäbig. Wie unendlich peinlich.«

Die Drei saufen bis tief in die Nacht. Als die Wirtin sie rauswirft, können sie nicht mehr stehen. Sie klammern sich aneinander und versuchen stützend und schiebend als wankendes Knäuel, was jeder einzeln nicht mehr kann, nämlich senkrecht zu bleiben. Sie schaffen es vor die Türe und ein Stück die enge Gasse hinab. Am Marktplatz, wo sich die Wege trennen, brauchen sie lange, um sich zu entwirren und die jeweiligen Heimwege zu finden.

»Übrigens«, lallt Ante, »was ich noch fragen wollte, Spanier: Hast du den armen Heinis am Strand wenigstens irgendwas dagelassen?«

Zwei Fässchen Wein und eine halbe gepökelte Sau«, lallt Diego zurück. »Zwei Fässchen Wein und eine halbe gepökelte Sau sind mein Beitrag zur Weltgeschichte.«

Kolumbus steht am Strand und wartet auf den Sturm. Außer ihm kann ihn noch keiner aufziehen sehen. Doch er wird kommen. Diesmal allerdings nicht vom Meer her. Die Männer lachen und schwatzen schnell und höchst erregt, denn sie glauben sich gerettet. Sie glauben, diese schwere Prüfung nun hinter sich gebracht und bestanden zu haben, die elend lange Zeit des Zweifels, der Apathie, der Angst, des Hungers und der Bedrohungen an diesem widerlichen Strand. Ende gut, alles gut, glauben sie, der Admiral hat doch Recht behalten. Der schlaue Seebär. Wir hätten nicht an ihm zweifeln dürfen. Schwamm drüber. Zweifeln ist ja höchst menschlich, und die Lage war wirklich kritisch genug. Jetzt ist die Rettung da. Ein spanisches Schiff ankert in der Bucht. Zwei Fass Wein und eine halbe gepökelte Sau wurden schon mal an Land gebracht. Die Männer lachen viel und puffen sich übermütig in die Flanken. Alles vergessen und vergeben, Kamerad. Es geht nach Hause. Endlich. Wir werden die Heimat wiedersehen, unsere Frauen, Kinder, Freunde.

Allein Kolumbus weiß, dass es nicht so ist. Ihm graut vor dem Moment, da die Männer die Wahrheit erkennen werden. Vielleicht, denkt er, werden sie jetzt endgültig ausrasten und mich – Admiral hin oder her – wie einen Hund erschlagen. Sie warten und zweifeln schon so lange. Der unglückliche Entdecker schließt die Augen. Sei vorbereitet, befiehlt er sich. Sei darauf vorbereitet, in den nächsten Minuten zu sterben.

»Was tun die da?«, brüllt einer. »Ey, was tun die da?«

»Ey, was tun die da?«, rufen ein Zweiter und ein Dritter.

»Die ziehen das Segel hoch!«

»Ey, das kann doch nicht sein!«

»Die hauen ab!«

»Die verschwinden!«

»Das kann doch nicht sein!«

»Unmöglich!«

Kolumbus gönnt sich noch einen tiefen Atemzug. Dann öffnet er die Augen. Er sieht schiere Fassungslosigkeit. Die Männer können nicht glauben, was sie da zu sehen bekommen. Die Augen glotzen, die Münder stehen weit offen.

Ein allerletzter Moment trügerischer Ruhe. Kein Laut ist mehr zu hören.

»Was geschieht hier?«

»Ey, Kolumbus, was geschieht hier?«

»Sie stechen in See.«

»Das sehen wir auch. Aber warum?«

»Um Hilfe zu holen«, sagt Kolumbus leise, aber bestimmt.

»Was soll das heißen, verflucht nochmal? Sie sind doch die Hilfe!«

»Das Schiff ist zu klein.«

»Was für ein Schwachsinn«, brüllt ein Matrose. Er sieht Kolumbus hasserfüllt an. »Bis Hispaniola sind es doch bloß ein paar Tage. Die hocken wir auf einer Backe ab.«

»Das Schiff ist zu klein, Männer.«

»Schwachsinn, Kolumbus!« Der Matrose tritt respektlos nahe an Kolumbus heran. Der kann den blasigen gelben Speichel sehen, der von beiden Mundwinkeln rinnt, und muss den fauligen Atem riechen. Eine Minute noch und der Kerl frisst mich mit Haut und Haaren, denkt der Admiral.

»Und Ihr habt gewusst, dass sie ohne uns abfahren werden?«, faucht ein anderer. Kolumbus glaubt, es ist Pablo aus Palos.

»Ja.«

»Und habt es zugelassen.«

»Mein Widerspruch hätte nichts geändert. Der Kapitän hatte klare Befehle.«

»Aber unser Widerspruch hätte was geändert«, brüllt ein bulliger, verschwitzter und furchtbar zorniger Seemann. »Wir hätten uns das Schiff genommen.«

»Das geht nicht, Männer. Wir werden gewiss kein Schiff kapern.«

»Und ob!«

»Natürlich.«

»Notwehr.«

»Ihr seid doch Admiral«, zischt ein Spitzfindiger. »Admiral und Vizekönig. Vizekönig! Und lasst zu, dass Euch ein Ruderbootkommandant am Ufer stehen lässt.«

»Wie einen Schulbuben.«

»Einen Deppen.«

»Lächerlich.«

»Der lügt doch!«

Um Kolumbus hat sich der dichte Kreis wutschäumender Seemänner geschlossen. Sie stehen in vier oder fünf Reihen, die Luft scheint zu knistern. Ein Wort genügt jetzt, erkennt Kolumbus, eine Bewegung, die irgendwer als Signal auffasst, und ich werde zerrissen. Er spürt, dass ihm Schweiß über Brust und Rücken rinnt. Klebriger, ekliger Schweiß. Die Ruhe bewahren, befiehlt er sich. Jetzt kein falsches Wort und keine falsche Bewegung.

»Sie kommen wieder«, sagt Kolumbus.

»Woher willst du das wissen?«

»Der Kapitän hat es geschworen. Er macht auf Hispaniola Meldung und kommt mit einem größeren Schiff zurück. Er bringt uns Wein und Schinken mit.«

»Hört, hört!«

»Wein und Schinken.«

»Wer's glaubt.«

»Glaubt es mir, Männer. Sie kommen bald wieder.«

»Weißt du, was ich glaube?«, sagt Pablo aus Palos. »Sie wollten bloß nachsehen, ob du noch lebst. Und weil du noch lebst, kommen sie nicht wieder.«

»Genau: Sie wollen dich in Spanien nicht zurück, Kolumbus.«

»Und wir müssen's ausbaden.«

»Und krepieren.«

»Ich kann euch ja verstehen, Männer«, sagt Kolumbus mit fester Stimme. »Ihr dachtet, es sei vorbei. Ihr wurdet enttäuscht. Das ist bitter, natürlich. Wir alle sind Männer der See. Ich verstehe das.« Seine Stimme wird lauter, kräftiger mit jedem Wort. »Aber jetzt ist Schluss. Hört ihr: Schluss! Rückt mir gefälligst vom Leibe. Ihr tut jetzt wieder, was ich euch sage. Und hört auf, in diesem unverschämten Ton mit mir zu reden. Was fällt euch denn ein? Seid ihr toll? Wisst ihr nicht mehr, wen ihr vor euch habt?«

Tatsächlich lockert sich der Ring. Kolumbus bekommt etwas Luft.

»Du hättest sie nicht ziehen lassen dürfen«, zischt ein Matrose.

»Schluss jetzt«, brüllt Kolumbus. »Schluss!«

Die Männer weichen einen halben Schritt zurück.

»Bis hierher sind wir eine Mannschaft. Aber nur ein Stück weiter und die Meuterei beginnt.«

Geraune, Gefluche.

»Habt ihr verstanden? Ab hier ist es Meuterei. Ich sage euch: Ab hier steht ihr gegen Spanien!«

Die Männer weichen einen ganzen Schritt zurück.

»Und was geschieht jetzt?«

»Was ich gesagt habe. Wir warten ein paar Tage. Dann wird ein großes Schiff kommen und uns aufnehmen. Wir segeln nach Hispaniola und dann bald weiter nach Spanien. Nach Hause.«

»Wer's glaubt«, mault Pablo.

Kolumbus sieht ihn scharf an und macht einen kraftvollen Schritt auf ihn zu. »Du, Pablo, hast in dieser Sekunde die Wahl: Willst du die Heimat stolz stehend an Deck erreichen oder unter Deck, gekrümmt, verdreckt und in Eisen gelegt? Entscheide!«

Der Kreis öffnet sich und Kolumbus tritt heraus. Er braucht all seine Kräfte, um nicht schlurfen zu müssen, um standhaft und stolz schreiten zu können. Er schreitet den Strand entlang.

Die Männer sind weiter furchtbar wütend. Sie können ihrem Kommandanten nicht mehr glauben. Andererseits: Ihm zu glauben ist ihre einzige Chance. Wenn er lügt oder sich irrt, dann wird kein Schiff kommen. Dann werden sie Spanien und ihre Frauen und ihre Kinder niemals wiedersehen. Dann werden sie auf dieser verfluchten Insel sterben. Es wäre so schön, wenn man ihm noch einmal glauben könnte.

Tejo hockt noch halb an Land und schon halb im Meer. Er krallt und gräbt im Sand und weint fürchterlich. Tränen und Rotz strömen das entstellte Gesicht hinab auf Brust und Bauch und verlieren sich dann in den müden Wellen. Armer Junge, denkt Kolumbus. Er möchte hin, um ihn zu trösten. Doch er spürt, dass seine Kraft endet. Er muss es noch bis zur Capitana schaffen. Stolz aufrecht schreitend. Falle ich jetzt, stürzt alles ein.

»Höre, Ameyro: Wir müssen es tun. Wir müssen es sofort tun. Wir müssen diese Ungeheuer töten!« Caracoya sieht ihn an wie jemand, der keinen Widerspruch, nicht einmal ein Zögern dulden wird.

Ameyro spürt nichts als Unbehagen. Diese Unterredung passt ihm überhaupt nicht. Eigentlich ist er doch der große Kazike, Herrscher über die gesamte Insel. Oder beinahe die gesamte Insel. Der große Krieger und gewitzte Stratege. Und jetzt gibt ihm ausgerechnet dieser Hohlkopf Caracoya überdeutlich zu verstehen, dass er ein Feigling sei, und das noch in seinem eigenen Dorf, mit den eigenen Leuten als Zuhörer. Eine höchst unangenehme Situation.

»Sie überfallen unsere Dörfer. Sie töten alle. Männer, Frauen, Kinder. Alle. Ohne jeden Grund. Sie töten sie, weil es ihnen Spaß macht. Sie stehlen alles. Sie fressen alles kahl.«

Caracoya lässt seine Worte wirken. Ameyros Leute sind beeindruckt. Ameyro ist es auch, aber das darf er sich nicht anmerken lassen.

»Sie sind mächtig«, erwidert er.

»Sie sind mächtig, weil wir nicht zusammenhalten. Du gibst ihnen zu essen, damit sie die Kraft haben, meine Leute zu erschlagen.« Caracoya sieht sich in der Runde um. Viele von Ameyros Leuten nicken. »Wenn wir gemeinsam kämpfen, werden wir siegen. Wir werden unsere Heimat verteidigen. Wir werden diese Bestien erschlagen oder zurück ins Meer jagen. Das hätten wir gleich am ersten Tag tun sollen.«

»Aber wir kannten sie gar nicht. Wir wussten nicht, was sie uns bringen werden.«

»Aber jetzt wissen wir es. Sie bringen uns den Tod.«

»Aber sie sind mächtig. Ihr Gott hat …«

Caracoya wird noch wütender. »Das ist unsere Insel. Sie nehmen uns unsere Heimat weg, Ameyro! Und wir bedanken uns ganz lieb dafür.«

Ein Raunen auf dem Dorfplatz. Man muss sagen: ein zustimmendes Raunen.

»Wir hätten sie sofort erschlagen müssen!«

Ameyro windet sich.

»Sofort!«

»Was in deinen Dörfern geschieht, das ist in der Tat schrecklich«, sagt Ameyro und versucht, diplomatisch zu sein. »Aber bedenke, Caracoya: Die das tun, sind nicht die Leute des blauäugigen Anführers. Es sind Abtrünnige. Sie haben ihn verlassen. Sie tun schon lange nicht mehr das, was er ihnen sagt.«

»Alles dieselbe Sippschaft«, blafft Caracoya. »Eine einzige Mörderbande.«

Wieder das zustimmende Raunen, diesmal lauter.

»Bedenke, Caracoya: Wenn wir diese Weißhäutigen erschlagen, werden andere kommen, um sie zu rächen.«

»Die erschlagen wir auch!«

»Aber es gibt Weißhäuter wie Sandkörner am Meer. Der Unberührbare sagt …«

»Den erschlagen wir auch, deinen Unberührbaren!«

Wieder ein Raunen. Ameyro stockt der Atem. »Bist du wahnsinnig?«, sagt er leise.

»Dieser Unberührbare hat dich weich gemacht, Ameyro. Faselt dauernd irgendwas von der unüberwindbaren Kraft und Macht dieser Weißhäuter. Woher weißt du denn, dass das stimmt? Vielleicht gibt es überhaupt nur diese Weißhäuter und alles Weitere sind erfundene Geschichten, um uns Angst zu machen. Wir töten sie und das Problem ist gelöst.«

»Aber der Unberührbare ist …«

»Einer von ihnen, Ameyro! Einer von ihnen!«

»Ihr Gott wird uns furchtbar strafen. Ich habe seine Macht gesehen, Caracoya. Er hat den Mond verschwinden lassen. Wir können nicht gewinnen.«

»Unsere Götter werden dich strafen, Ameyro, wenn du weiter ein solcher Feigling bist.«

Lautes zustimmendes Raunen. Die eigenen Männer sehen Ameyro wütend an.

»Unsere Götter waren schwach, weil wir schwach waren. Weil sie uns verachten. Sobald wir kämpfen, werden sie wieder an unserer Seite sein.«

All die Pläne und klugen Strategien sind nichts wert, wenn das Volk nicht mehr mitmacht. Noch nie in seinem Anführerleben hat sich Ameyro so zwergenklein gefühlt. Er weiß: Ein paar Worte mehr und seine eigenen Leute werden ihn mit Schimpf und Schande davonjagen. Sie werden Caracoya – ausgerechnet den Hohlkopf Caracoya! – bejubeln, ihn zum Kaziken der ganzen Insel machen und dann die Weißhäuter angreifen. Noch ein Widerwort, noch ein Argument, das die Schlacht abzuwenden versucht, und Ameyro ist erledigt.

»Gut«, sagt er darum. »Du hast mich überzeugt. Wir werden sie alle töten.«

IX

»Siehst du«, jubiliert Christoph, »siehst du, ich hatte Recht!« Er weist mit ausgestreckten Armen nach links und nach rechts, auf die Bucht, die Bäume, den Wald, als habe er selbst all dies eben erst ersprießen und wachsen lassen. »Das ist sie, meine neue Welt!« Elegant wie ein Tänzer dreht er sich einmal um die eigene Achse, blinzelt in die Sonne und lässt sich dann in den Sand plumpsen. Wohlig streckt er die Beine aus wie einer, der sich seinen Feierabend redlich verdient hat. Die beiden Freunde sind ein Stück den Strand entlanggelaufen, nicht weit und eigentlich nutzlos, eben so, als wollten sie ihren Körpern beweisen, dass sie tatsächlich festen Boden unter den Füßen haben. Sie liefen instinktiv los. Gabriel muss sich an soliden Grund erst gewöhnen. Sein Körper schwankt, als hätte er weiter Schiffsplanken unter sich, vor den Augen flimmert es, weil sie nur noch den Anblick von Wasserwüsten gewohnt sind. Ja, wirklich, glaube es: Das ist feste Masse. Erde. Da sind sattgrüne Büsche und Bäume, und gewiss fließt nicht weit von hier ein Fluss mit frischem Wasser. Sie werden Früchte pflücken und heute zum ersten Mal etwas anderes essen als Käse mit Käse. Tatsächlich, sie sind an Land. Aber was für ein Land ist das? Land jenseits ihrer Welt. Wer lebt hier? Riesen mit zwei Köpfen, wie man in den Hafenkneipen erzählt? Zyklopen? Ungeheuer? Blutrünstige Schergen des Großkhans? Was erwartet sie hier?

Er dreht den Kopf, um den Anführer zu fragen. Christoph aber ist, von allen Lasten befreit, im wohlig warmen Sand eingeschlafen. Gabriel lächelt und schüttelt leicht den Kopf. Will Weltgeschichte schreiben und schläft dann ein. Fürs Herkommen hat er all seine Kräfte eingesetzt, geistig und körperlich. Was sie hier sollen, scheint ihn hingegen wenig zu interessieren. Was für Christoph zählt, ist das Ankommen. Gabriel lässt sich nach hinten fallen. Weicher, warmer

Sand nimmt ihn auf. Er merkt, dass auch er sehr müde ist. Warum nicht an diesem schönen Platz ein Stündchen schlafen, wir haben es schließlich verdient. Ein Päuslein von der Weltgeschichte machen. Er blinzelt in die Sonne.

Zum Glück keine Riesen mit zwei Köpfen, denkt er wie nebenbei. Sehen jedenfalls fast so aus wie wir, auch mit zwei Armen und zwei Beinen und bloß einem Kopf mit zwei Augen. Allerdings ist ihre Haut anders. Dunkelbraun. Und sie scheinen keine Kleider zu kennen oder zu mögen. Fast nackt sind sie. Erstaunlich. Sie kommen näher. Müsste man nicht etwas tun? Man müsste etwas tun. Zumindest aufstehen müsste man. Es ist wirklich nicht ratsam, die ersten Wesen dieser neuen Welten im Sand lümmelnd kennenzulernen. Es ist beinahe, als beobachte sich Gabriel selbst beim Nachdenken. Minuten dauert es, bis sein ermattetes Gehirn zu glauben beginnt, was die Augen melden. Dass nämlich drei Gestalten langsam über den Strand auf sie zukommen. Seltsame Gestalten. Dass es höchste Zeit ist, aufzustehen, sich den Sand abzuklopfen und würdevoll dreinzuschauen als seriöser Repräsentant der anderen Hälfte der Erdkugel. Jawohl, es steht eine Begegnung von weltgeschichtlicher Bedeutung an. Alte Welt trifft Neue Welt. Gabriel greift neben sich und schüttelt Christophs Arm. Nichts. Er schüttelt kräftiger, zischt: »Schau doch!« Nichts. Ausgerechnet jetzt holt der Entdecker den Schlaf mehrerer Wochen nach. So steht Gabriel alleine auf, klopft sich den Sand ab, lächelt und hebt langsam den rechten Arm zum Gruß. Die drei Wesen bleiben stehen. Sie lächeln ebenfalls und heben ebenfalls die Arme. Keine Gefahr, spürt Gabriel sofort. Das sind gute Menschen. Uns wohl gesonnen. Sie haben Geschenke dabei. Frische Früchte und flaches Brot und zum Glück keinen Käse. Sie sagen etwas. Er kann kein Wort verstehen, nur dass es freundlich gemeint ist, das hört er dem Ton an. Er lächelt und sagt: »Wir kommen von weit her. Wir kommen als Freunde.« Sie verstehen kein Wort. Sie lächeln.

So gut war der Anfang. So schlicht. So freundlich. Es hätte so weitergehen können. Aber wir haben es verbockt. Nein: Du hast es verbockt, Christoph. Du hast dich an diesen Menschen schwer versündigt. Statt dich zu hätscheln und zu füttern, hätten sie dich auf der Stelle erwürgen sollen.

Oder noch besser: Du hättest, ummantelt vom warmen Sand, entschlafen sollen. Glücklich und sanft einschlafen und nie wieder aufwachen. Das wäre die gewaltfreie, die allerbeste Lösung gewesen. Um wie vieles besser hätte die Geschichte verlaufen können.

Wieder ist es tiefe Nacht. Wieder findet der Mann, den sie den Unberührbaren nennen, in seiner Hütte keine Ruhe. Er kann nicht aufhören, an diese ersten Tage zu denken. Wie schlicht alles begann. Wie natürlich. Oder ist naiv das treffendere Wort? Freundliche Gesichter. Lächeln. Wir sind hungrig, durstig, erschöpft. Sie geben uns sofort alles, was wir benötigen: gutes Essen, kühles Wasser, Sicherheit und Ruhe zur Erholung. Wir bedanken uns. So einfach. Ja, so gut war der Anfang. Sie halfen uns. Wir haben ihnen diese Hilfe übel vergolten.

»Wir kommen als Freunde.« – Was für eine Lüge war das!

Natürlich entschlief Christoph nicht. Nach einer Stunde kam er wieder zu sich. Er begrüßte sein Empfangskomitee, als ob er nichts anderes erwartet hätte, riss ihm das Brot aus den Händen und verschlang es. Wir holten Pique von Bord der Luisa und zogen ohne Bedenken ins Dorf der Inselbewohner. Sie waren freundlich und freigiebig. Sie waren neugierig, aber nie aufdringlich. Wir wurden in einer geräumigen Hütte untergebracht und bekamen reichlich zu essen und zu trinken. Wir hätten bleiben und versuchen sollen, ihre Sprache zu verstehen. Wir hätten lernen sollen, wie sie zusammenleben. Wie anders sie zusammenleben. Wie sie miteinander auskommen. Aber Christoph wollte nicht. Er versuchte, sich mit dem Anführer zu verständigen, sie sprachen mit Händen und Füßen und Grunzlauten. Das Einzige, was Christoph wirklich interessierte: Gab es noch weitere Inseln? Er zeigte hinaus aufs Meer. Er zeigte auf die Erde und hob die Schultern. Der Kazike wogte mit den Händen, als wolle er Wolkengebilde schaffen. Ja, viele Inseln, hieß das wohl. Christoph strahlte mich an.

Am übernächsten Tag schon gingen wir wieder an Bord der Luisa und lichteten den Anker. Die Indianer winkten freundlich zum Abschied. Wir segelten weiter westwärts und erreichten schon am nächsten Morgen die zweite Insel. Sie war noch schöner als die erste. Der Wald lächelte in freundlichem Grün und es schien, als würden uns die Palmen verheißungsvoll zuwinken. Über mehrere Stufen schäumte ein Fluss durch die Wälder und stürzte direkt ins Meer. Neckische, bunte Vögel umschwirrten uns. Besser gehe es nicht, jauchzte Pique. Dies, da sei er sicher, sei nun die höchste Herrlichkeit auf Erden. Von plötzlicher Eile ergriffen, drückte er uns beiden die Hände. »Danke«, rief er, seine Augen strahlten. »Danke!« Dann drehte er sich um und stürmte mit einem langen Schrei dem Wald entgegen, der ihn sofort aufnahm. Ich schwöre: Wir haben ihn niemals wieder gesehen, noch je wieder von ihm gehört.

Zu zweit ließ sich die Luisa kaum segeln. Meinem Freund, dem großen Entdecker, war das völlig egal. Wir müssen weiter, befand er. Diese Inselchen – er sagte tatsächlich Inselchen – seien ja bloß der mickrige Anfang. Da sei noch so unendlich viel mehr zu entdecken. Wir müssten es versuchen. Hinter den Inseln breite sich ein riesiges Land aus, da sei er ganz sicher. Wir stachen also wieder in See, und sei es Zufall oder Fluch oder Warnung: Wir gerieten in den ersten Sturm unserer ansonsten so gesegnet ruhigen Reise. Eine Nacht, einen vollen Tag und noch eine Nacht kämpften wir ums Überleben. Die Luisa drohte zwischen Wellenbergen zermalmt zu werden.

Wir zerrten und zurrten, japsten, fluchten, schlitterten und wurden von mächtigen Brechern gegen den Mast geschleudert. Am Ende blieb nichts mehr als Hoffen und Beten. Am dritten Tag ließ der Sturm nach und wir erreichten zu unserem großen Glück mit der schwer beschädigten Luisa eine dritte Insel. Am Strand begrüßten uns freundliche Bewohner mit Früchten und flachem Brot. Total erschöpft sanken wir nahezu bewusstlos in ihre Arme.

Dieser Körper ist ein Gefängnis. Welche Gnade wäre es, jetzt einfach nur von der Matte aufstehen zu können, vor die Hütte treten und den Sternenhimmel betrachten zu können. Zum Wassereimer zu schlendern, mit der Kelle den Becher zu füllen, zu trinken und sich dabei vielleicht am Kopf zu kratzen oder am Knie und dann gemächlich zurückzugehen in die Hütte, um sich wieder bequem auf die linke oder die rechte Seite zu legen. Aber nein, es gibt keinen Ausweg und keine Ablenkung, sein Gehirn muss alles mit sich selbst ausmachen. Der Unberührbare hat schlimmen Durst. Aber selbst einen Becher Wasser zu holen ist ihm so unmöglich wie eine Reise zu den Sternen. Er könnte Mencia wecken. Er hört ihren Atem, bescheiden und friedvoll. Nein, sie soll weiter ruhen. Es geht schon.

So gerne würde der Unberührbare auch schlafen. In seinen Träumen kann er gehen, rennen, schwimmen, werfen, sich ausziehen, sich anziehen, mit den eigenen Händen essen, alles funktioniert. Doch sein Gehirn will nicht schlafen. Es will sich weiter an jene jungfräulichen Tage auf den Inseln erinnern. Der Unberührbare seufzt.

Auch auf der dritten Insel lebten die Menschen friedvoll, vertrauensvoll, fröhlich. Die Natur schenkte ihnen viel, den Rest erarbeiteten sie sich gemeinsam. Zu Beginn ging Gabriel die Gleichmütigkeit und Antriebslosigkeit der Dorfbewohner auf die Nerven, er war es eben anders gewohnt. Druck, Drohung, Leistung, Lieferung. Mit den Tagen allerdings stellten sich auch bei ihm Trägheit und Gelassenheit ein. Er zog mit seinen neuen Freunden durch die Wälder, sie fischten im Fluss und im Meer, und er half etwas beim Ackerbau. Sie verstanden sich nicht mit Worten, noch nicht, aber mit ihren Blicken und Gesten und sie lachten viel. Die Tage waren warm, hell und freundlich, die Nächte friedlich und sorgenfrei, und ziemlich bald dachte Gabriel, dass diese Hälfte der Erde wohl die bessere sei.

Christoph hingegen wurde ungenießbar. Die, wie er sagte, Lahmarschigkeit seiner Gastgeber gehe ihm auf die Nerven, wie könne man seine Tage so ziellos vertrödeln. Es gebe doch so viel zu tun. Es gelte, eine ganze Welt zu entdecken. Jeden Morgen ruderte er zur Luisa hinüber, sägte, hämmerte und fluchte, doch er hatte keine Chance: Alleine bekam er das Schiff nicht wieder flott. Gabriel half immer weniger. Er war lieber mit seinen neuen Freunden unterwegs, und gemeinsam machten sie gerne früh Feierabend in ihren Hängematten.

Gabriel hatte es nicht eilig, von der Insel wegzukommen. Christoph schon. Es gab ja noch so unendlich viel zu erledigen.

Da haben wir uns dann entzweit, denkt der Unberührbare, im wahrsten Sinne des Wortes und täglich ein Stück mehr. Mir entschwand das alte Zuhause, fort waren Schulden, Strafen, Schuftereien. Auch war es höchst angenehm, nicht mehr unter dem Kreuz buckeln zu müssen, mich nicht mehr bei beinahe jeder Handlung und jedem Gedanken schlecht und schuldig fühlen zu müssen. Christoph hingegen gierte nach Entdecken und Erobern, nach Ruhm und Reichtum. Er konnte das riesige Geschenk dieser Inseln nicht annehmen. Die Neue Welt war für ihn die falsche Welt. Wirklich schade.

Als die Sonne sinkt, sitzen Christoph und Gabriel vor ihrer Hütte und schauen den Kindern beim Spielen zu. Da sagt Christoph: »Wir haben ein Problem.«

Gabriel, tiefbraun gebrannt, barbrüstig und barfüßig, lacht auf. »Das kann man wohl sagen. Wir sind am anderen Ende der Welt und unser Schiff ist kaputt.«

»Das meine ich nicht.«

»Ach, noch nicht Problem genug?«

»Ich meine, wir haben ein Problem mit unserer Entdeckung.«

»Und zwar?«

»Sie gehört uns nicht.«

Gabriel sieht den Freund an. Der hat eine ernste Miene aufgelegt. Die fallende Dämmerung verschattet die Stirn.

»Wir haben ein Problem und ich habe die Lösung«, sagt Christoph. »Wir werden unsere Entdeckung ein zweites Mal entdecken müssen. Sozusagen offiziell, mit Brief und Siegel. Bisher sind wir ja Amateure.«

»Verzeih bitte, wenn ich dir nicht folgen kann.«

»Schau, Gabriel: Du bist der Sohn eines bankrotten, übel beleumundeten Spediteurs von Porto Santo und ich dein Handlanger. Zwei Nichtse. Mehr sind wir nicht. Auf dieser Basis lassen sich keine großen Geschäfte machen.«

»Aber wir sind hier. Dafür gibt es Zeugen.« Gabriel schaut wieder zu den spielenden Kindern und den tratschenden Müttern hin.

»Wenn wir jetzt vor einen König treten und diese Entdeckung melden, gibt es zwei Möglichkeiten. Erstens: Er erklärt uns für verrückt. Sonnenstich in Folge langer Schiffbrüchigkeit. Dann ist die Sache für uns erledigt. Zweite Möglichkeit: Er bedankt sich und schickt seine eigenen Leute los, die diese Inseln für ihn in Besitz nehmen. Diese Inseln und alles Land, was sie dahinter noch finden werden. Dann ist die Sache für uns ebenfalls erledigt. Wir sind raus aus dem Spiel. Vielleicht bekommen wir als kleines Dankeschön gnädigerweise noch ein Kästlein mit Silberbesteck, das war's dann aber.«

»So habe ich die Sache noch nicht gesehen.«

»Ich anfangs auch nicht. Aber auf dieser Insel hatte ich wahrlich mehr als genug Zeit, um über unsere Lage nachzudenken. Ich weiß jetzt: Entdecken ist nur der eine Teil. Besitzen und profitieren der andere. Möglicherweise sogar der schwierigere.«

Dies ist auf der Insel wie überall auf der Welt, der alten wie der neuen: Wenn es dunkelt, rufen die Mütter die Kinder in die Hütten. Los doch, Beeilung, wascht euch, das Essen ist gleich fertig. Der Dorfspielplatz leert sich. Christoph und Gabriel starren vor sich hin.

»Die Lösung ist: Wir gehen auf Anfang. Wir fahren noch einmal von Europa los. Mit vollen Segeln und dem Wappen des Königs von Portugal oder meinetwegen auch eines anderen Königs, nachdem wir Zusagen auf satte Anteile an allem, was wir entdecken werden, erhalten haben. Schriftliche Zusagen mit dem Siegel der Majestät, alles hieb- und stichfest und juristisch unangreifbar. Dann wird sich das Entdecken lohnen. Für uns, unsere Kinder und Kindeskinder.«

»Eine irre Idee.« Gabriel schüttelt den Kopf. »Aber das wird nicht funktionieren.«

»Und warum nicht?«

»Weil uns niemand losschicken wird. Wir sind doch Nichtse. Keiner wird uns glauben, kein König uns Schiffe geben. Wir sind schlicht Spinner wie all die anderen, die irgendetwas von fernen Reichen und Reichtümern faseln.«

»Doch, es wird funktionieren, lieber Gabriel. Weil wir jetzt wissen, was andere bestenfalls vermuten können. Weil wir mit unseren eigenen Augen gesehen haben. Wir wissen, dass es diese andere Welt gibt. Wir wissen genau, wo es sie gibt. Wir können die Vergangenheit prophezeien. Das schafft eine bezwingende Glaubwürdigkeit.«

Eine lange Pause. Beide hängen ihren Gedanken nach.

»Es wird eine Weile dauern. Aber es wird funktionieren.«

»Und dann kommen die Portugiesen hier an oder meinetwegen die Spanier oder die Franzosen mit ihren Schiffen und Kanonen, mit Schwertern und der Bibel, großspurig, herrisch und gierig, und vorbei wird es sein mit dem schönen Leben.«

»Mit diesem Leben.« Christoph sieht den Freund streng an. »Mit Schlendrian, Ringelreihen und fröhlichem Nacktbaden. Es beginnt für diese Menschen, für diese Ahnungslosen ein neues Leben. Ein modernes Leben. Das richtige Leben. Wissen. Fortschritt. Glaube. Städte, Kirchen, Manufakturen, Rohstoffgewinnung. Arbeit und Profit. Es wird sein wie zu Hause.«

»Eben«, sagt Gabriel düster.

Wieder eine Pause. Inzwischen ist es stockdunkel.

»Aber das ursprüngliche Problem bleibt, Christoph. Das Schiff ist kaputt.«

»Aber reparierbar. Wir müssen uns mehr anstrengen. Oder genauer: Du musst dich mehr anstrengen. Eigentlich tust du seit Wochen gar nichts.«

Gabriel stöhnt auf, als habe ihn der Vater auf Porto Santo an eine seit zwei Wochen fällige Kreditrückzahlung erinnert.

»Oder willst du gar nicht zurück?«, fragt Christoph leise. »Sag es ehrlich.«

»Ich weiß nicht.«

»Sag ehrlich: Willst du hier leben? Willst du so leben? Von Tag zu Tag, von der Hand in den Mund, dem Zufall untertan, ohne Plan und Ziel, ohne Veränderung, ohne Fortschritt, ohne Herausforderung, ohne jedes Streben? Ohne Kampf, Sieg und Triumph?«

»Ich mag die Leute. Sie sind freundlich. Ich fühle mich sehr wohl hier.«

»Wohler als zu Hause?«

»Schau, Christoph: Wenn es dein Streben ist, das Paradies zu erlangen, dann solltest du jetzt aufhören. Genau jetzt und hier. Denn dies ist das Paradies. Wir zwei Glücklichen haben es gefunden.«

»Unfug«, ruft Christoph. »Das hier ist eine Insel. Nichts weiter als eine Insel mit künftigen Untertanen. Eine Insel von unzähligen. Es gibt noch so viel da draußen, mein Freund. Inseln und Reiche und Untertanen.«

»Nicht für mich.«

»Ist das dein Ernst?«

»Ja.«

»Dann bleibst du hier?«

»Ja.«

Christoph springt auf.

Der Unberührbare erinnert sich, wie schnell er damals in der Dunkelheit verschwand. Schnurstracks ruderte Christoph Kolumbus zur Luisa. Er hämmerte und sägte und fluchte die ganze Nacht hindurch. Am nächsten Morgen begann er damit, unter den jungen, starken, neugierigen Männern des Dorfes seine Mannschaft zu rekrutieren. Mit Händen und Füßen und den wenigen neuen Worten, die wir gelernt hatten, schwärmte er ihnen von den Vorzügen und Reizen und Reichtümern der Alten Welt vor. Die jungen Männer lachten und drängten, sie wollten all diese Wunder mit eigenen Augen sehen. Der greise Kazike wunderte sich und stimmte schließlich zu. Christoph brachte den jungen Männern das Hämmern und Sägen, das Ausbessern und Segeln bei, und fünf Wochen später war die Luisa wieder seetüchtig. Sieben Tage exerzierten die neue Mannschaft Segelmanöver in der Lagune. Dann luden sie Nahrung und viel Wasser.

Christoph steht am Ufer, gestiefelt und gerüstet. »Ich fahre zurück«, stellt er fest.

»Viel Glück.«

»Soll ich deiner Familie etwas bestellen?«

»Sag ihnen, ich sei verschollen.«

»In Ordnung.«

Mehr sprachen sie nicht. Das Band war zerschnitten. Die Luisa legte ab und segelte davon. Gabriel blieb am Strand, bis das Segel hinter dem Horizont verschwunden war.

Und ja, denkt der Unberührbare: Ich war glücklich.

IX

Stellen Sie sich einmal vor: Auf einer Wiese steht ein prächtiger Baum. Solide verwurzelt, satt genährt, mit dicken, ausladenden Ästen und dichtem Blattwerk. Sie haben den Baum gesehen, ihn gerochen, ihn umfasst. Er ist zweifellos da. Aber fünf Felder und einen Hügel weiter stehen Sie inmitten eines scheingelehrten Mobs, der stur behauptet, dass es diesen Baum nicht gibt. Unmöglich geben kann. Diese Kerle rechnen Ihnen Niederschlagsmengen, Temperaturtabellen, Sonneneinstrahlungswinkel, durchschnittliche Jahreswindstärken, Samenflugzeiten und Erdkrümmungsskalen vor, immer und immer wieder, und geifern Ihnen ins Gesicht: Sieh doch, denk doch, rechne doch, der Baum kann nicht da sein. Es ist ausgeschlossen. All die Tabellen, die Gleichungen, die Aufsätze – es kann den Baum nicht geben, unmöglich. Sie halten wacker dagegen. Doch, der Baum existiere. Erste Schimpfworte fallen, Fäuste werden in den Himmel gereckt. Wer so etwas behaupte, der sei ein Dummkopf, ein Lügner oder ein Irrer. Vielleicht sogar ein Ketzer. Vielleicht sei es an der Zeit, die Errichtung eines Scheiterhaufens in Erwägung zu ziehen. Die Stimmung wird immer aggressiver. Sie gehen weg. Sie kommen am nächsten Morgen wieder und behaupten, es gebe den Baum. Gemeinsam sollte man sich auf den Weg machen, um seine Früchte zu ernten. Die Leute im Dorf fangen wieder an zu rechnen und zu vergleichen und halten definitiv fest: Nein, an besagter Stelle kann kein Baum wachsen, basta.

So lebt Christoph Kolumbus jahrelang. Es ist ein ganz erbärmliches Leben. Während garantiert die Wellen gegen seine Inseln im Ozean branden, die Palmen wachsen, die Eingeborenen nach Wild jagen oder ihren Kindern ein Süppchen kochen, sitzt er in staubigen Stuben Kommissionen gegenüber, die ihm tagaus, tagein, jahraus, jahrein vorrechnen, dass es dieses Land unmöglich geben kann. Unmöglich. Da seien die Berechnungen von Ptolemäus oder Alfraganus, von diesem und jenem oder sonst wem, Kolumbus hört schon lange nicht mehr hin. Er weiß ja, dass die Inseln da sind. Dahinter liegt das Festland – gewaltige Reiche mit Städten aus purem Gold, wie sie der große Marco Polo beschrieben hat. Er weiß, dass es nicht sonderlich schwer ist, den Ozean zu überqueren, er hat es mit der kleinen Luisa und nur mit Gabriel und Pique als Besatzung geschafft. Er kennt den Kurs, er kennt den Weg.

Eben ranzt ihn wieder so ein spitz zulaufendes Staubgesicht an, wie er es wagen könne, die gewissenhaftesten und gottgefälligsten Feststellungen des großen Kirchenfürsten Soundso anzuzweifeln. Ein hageres Kerlchen mit Pelzkragen hüpft vor ihm auf und ab und ereifert sich furchtbar. Wer er denn sei? Ein Dahergelaufener sei er, ein Niemand und Nichtskönner. Wie könne er es wagen, die kostbare Zeit dieser hochkarätig besetzten Kommission mit seinen Fantastereien zu vergeuden? Sie selbst bräuchten diese Zeit dringend für ihre eigenen Forschungen. Ja, forsche du bloß, denkt Kolumbus, forsche in einem Meter Umkreis deines Schreibtischs, forsche im Staub deiner Bücherschränke, zwischen den Daunen deines Bettes und zwischen Frühstücksei und Gänsebraten, du Wicht, du. Finden wirst du nichts. Warum er jetzt zu grinsen wage, herrscht ihn der königlich bestellte Wissenschaftsgnom an. Er sei ja ein ganz verkommenes Subjekt. Ein Schmarotzer. Er halte hier alle zum Narren. Unüberwindbar sei der Ozean und damit basta.

»Es wird eine Weile dauern«, hatte er auf der Insel zu Gabriel gesagt. Das war stark untertrieben. Auf struppigen Mauleseln reist er auf mal staubigen, mal schlammigen Wegen den Majestäten hinterher, erst in Portugal, dann volle sieben Jahre lang in Spanien. Er haust in schäbigen Herbergen und muss sich zeitweise von Exil-Genuesen aushalten lassen, denen er für ein billiges Stück Schweinsbraten und drei Glas Wein immer wieder die flammende Begeisterung des Propheten vorgaukeln muss. Er sitzt von Morgengrauen an in zugigen Hallen vor verschlossenen Pforten, nur, um am Abend letztlich abgewiesen zu werden. Trotzdem kommt er am nächsten Morgen wieder. Er kommt immer wieder. Sie werfen ihn zur Vordertüre hinaus, er stellt sich bei der Hintertüre wieder an. Hofschranzen, die sonst vor jedem buckeln, haben immerhin noch ihn, über den sie lachen und grienen und an dem sie sich mit geringschätzigen Blicken gütlich tun können. Ja, ein erbärmliches Leben.

Aber es muss sein. Er braucht den Auftrag. Er braucht die Schiffe und die Mannschaften. Vor allem aber: Er braucht die königlichen Zusagen, unverbrüchliche Zusagen mit Brief und Siegel darüber, dass ein fetter Teil Indiens ihm gehört. Anders geht es nicht.

Zu wissen, dass es den Baum gibt, ist nicht genug. Der Entdecker muss sich seinen Anteil an der Ernte sichern.

Alle träumen vom Seeweg nach Indien. Die Portugiesen arbeiten sich systematisch und zäh, Meile für Meile, die Küste Afrikas hinab. Bald werden sie mit ihren Schiffen den Kontinent umfahren haben, dann liegt das Meer offen vor ihnen mit der Gewissheit glänzender Geschäfte. Andere glauben, da die Erde nun mal eine Kugel ist, dass die Seefahrt Richtung Westen am schnellsten in den Osten führe. Einer von ihnen ist der sehr einflussreiche Florentiner Mathematiker Paolo dal Pozzo Toscanelli. Die entscheidenden Fragen sind: Wie groß ist die Erde wirklich? Und wie weit reicht Asien in den Osten? Wer die Fahrt wagt und an falsche Propheten glaubt, der wird, statt auf goldene Städte und unermesslichen Reichtum zu stoßen, in einer endlosen Wasserwüste elend zugrunde gehen.

Kolumbus glaubt nicht, er weiß. Er war auf der anderen Seite. Sein Problem ist, dass keiner der Erdendeuter Recht hat. Gut, der eine trifft es ein bisschen besser, der andere irrt sich komplett und hat im Grunde nur Hirnmüll zu Papier gebracht, der nun von Staubgesichtern wie ein Glaubensbekenntnis heruntergebetet wird. Kolumbus muss all die Zahlen, die Gradangaben und Meilen pressen, dehnen, stauchen und zwirbeln, bis die Wahrheit einigermaßen zu den populärsten Theorien passt. Bis die Inseln rein theoretisch da liegen könnten, wo sie tatsächlich liegen. Er muss die königlichen Kommissionen abholen, wo sie mit all ihrem Halbwissen nun mal im Nebel stochern.

Warten, endlos warten. Debattieren. Immer wieder den gleichen Unfug hören. Dauernd sagen: Ihr werdet sehen, ich werde entdecken, statt: Seht doch, ich habe entdeckt! Die Häme. Die Verachtung. All die Respektlosigkeiten. Dazwischen die Nächte in verwanzten Herbergsbetten. Es ist so zermürbend. Aber Kolumbus hält durch. Er weiß, dass es sich lohnen wird. Unermesslich wird der Lohn sein. Ruhm, Ehre, Reichtum. Mögen sich die Majestäten jetzt noch verleugnen lassen und ihm die Türe vor der Nase zuschlagen – eines Tages wird er an ihrer Seite sitzen. Er, Kolumbus, wird am Ende triumphieren.

Ach ja, zwischendurch hat Kolumbus noch zwei Söhne gezeugt, immerhin. Es geht ihnen liederlich. Aber eines Tages, da ist er sich sicher, werden sie in prächtigen weißen Schlössern wohnen und von goldenem Geschirr speisen.

Manchmal, gegen Ende des unruhigen Schlafs in lausigen Buden, meint Kolumbus, dass es die Inseln doch nicht gibt. Schließlich hat man ihm das jetzt tausendmal erklärt. Dann öffnet er die Augen, setzt sich aufrecht hin und atmet dreimal durch. Blödsinn. Natürlich gibt es die Inseln. Sie sind so wirklich wie die Kathedrale von Burgos. Er sieht sie vor sich. Und er sieht seinen Freund Gabriel, wie er, tiefbraun und nur mit einem Lendenschurz bekleidet, mit seinen Kumpanen ein Fischerboot in die Brandung schiebt. Kolumbus denkt: Wenn ich dereinst zurückkehre, mit Flotte und Flagge und so, dann muss ich tunlichst darauf achten, nicht genau an Gabriels Insel anzulanden. Das wäre ein Wiedersehen, das sich nur sehr schwer erklären ließe.

Die Rückfahrt war grauenhaft gewesen. Die jungen Männer von der Insel waren undiszipliniert und keinesfalls hochseetauglich, statt ordentlicher Manöver herrschte täglich das Chaos. Selbst Kommandant Kolumbus verlor seinen Optimismus. Dazu Stürme. Sie kamen vom Kurs ab, er vernavigierte sich, und sie verloren Tage und Wochen. Die Vorräte schwanden, Männer starben. Zwei von der Mannschaft sprangen ins Meer und schwammen davon, weil ihnen das ehrenvoller schien als jämmerliches Verdursten. Am Ende saß Kolumbus alleine im Ruderboot der Luisa, genauer: Er lag im Ruderboot, dehydriert und delirierend, als ihn nahe der afrikanischen Küste ein portugiesisches Schiff aufnahm. So gelangte er im Jahr des Herrn 1476 nach Lagos und dann nach Lissabon, wo es von Seefahrern und Händlern wuselte. Es war zu spüren, zu riechen in den engen Gassen und auf den prachtvollen Plätzen: Alle suchten sie nach dem Weg über den Ozean. Ich jedoch habe ihn gefunden, triumphierte der abgemagerte, ausgezehrte, zerlumpte, komplett bankrotte Christoph Kolumbus. Bloß, dass ich das niemandem erzählen darf.

Francisco de Porras schaut in die Gesichter der Kameraden. Die vor Entsetzen aufgerissenen Augen, die von furchtbaren Schreien eingerissenen Münder. Das waren keine leichten Tode. Caracoyas Männer hatten offenbar mehr als genug Zeit gehabt, die drei, die das nächste Heidendorf auskundschaften sollten, in aller Seelenruhe zu massakrieren. Schwärme fetter Fliegen umsirren die Leichen. De Porras bekommt in diesem Dschungel keine Luft mehr.

Dass sie jetzt richtig Angst haben, dürfen sie sich natürlich nicht eingestehen. Die Meuterer ziehen weiter, jedoch nicht, wie bislang üblich, lärmend und trampelnd und großmäulig daherredend, als seien sie die Herren der Welt und dieser Insel sowieso, sondern schön vorsichtig, Schritt für Schritt, leise, schleichend, höchst gespannt und unablässig nach allen Seiten spähend. Der Wald ist viel dichter und düsterer, als er das noch gestern war, als habe er sich boshaft an die Spanier herangewuchert, um sie einzukesseln, einzuklemmen, festzuzurren und zu ersticken. Sie sind jetzt nur noch 34 und sie müssen verdammt vorsichtig sein.

Dass die Wilden begonnen haben, sich zu wehren, ist das eine, was die Meuterer sehr überrascht hat. Sie hatten ihnen das niemals zugetraut, so sanft, nachgiebig und lasch, wie sie stets waren. So wird man von diesen Heiden arglistig getäuscht. Ihre Waffen sind vergleichsweise miserabel, doch kennen sie das Gelände ganz genau. Das ist ihr Wald. Sie greifen aus dem Hinterhalt an, blitzschnell und präzise, und ehe die Spanier nur ihre Schwerter aus den Scheiden haben, sind sie schon wieder verschwunden. Wie verschluckt von ihrem Wald. In zwei Tagen haben die Spanier sechs Männer verloren, sieben sind verwundet.

Das zweite Überraschende und in höchstem Maße Verwirrende war der Abstecher des spanischen Schiffs an Kolumbus' Strand gewesen. Genauer: die Ankunft und die sehr rasche Abfahrt, wie sie zwei Späher der Meuterer beobachtet haben. Was zur Hölle hat das zu bedeuten? Zunächst einmal, das ist klar, dass dieser Méndez geschafft hat, woran sie so überaus kläglich gescheitert sind: die Fahrt in einem Kanu übers offene Meer bis zur Insel Hispaniola. Mit Sicherheit hat Méndez in Santo Domingo um Hilfe für Kolumbus und die Seinen gebeten. Hat er sie auch bekommen? Das Schiff war ganz schnell wieder weg, und die Stimmung am Strand ist, wie die Späher berichten, keinesfalls freudig erregt und ausgelassen und nicht so, als sei in Kürze mit endgültiger Rettung zu rechnen. Warum jubeln Kolumbus' Mannen nicht? Warum sind sie im Gegenteil seit dem einschneidenden Erlebnis dieses Besuchs deprimierter als zuvor?

Es gibt nur eine Erklärung: Die Gestrandeten zweifeln an der Redlichkeit der eigenen Leute. Sie denken, dass Spanien sie opfert, um elegant den lästigen Entdecker zu entsorgen.

Während sie geduckt, mit eingezogenem Genick durch den dichten Wald schleichen, spürt Francisco de Porras einen Hauch Schadenfreude. Geschieht diesem Idioten Kolumbus recht, dass er von seinen eigenen Leuten betrogen und im Stich gelassen wird, und von seinen letzten Getreuen auch, die ja nicht auf ihn, Francisco de Porras, und seine Warnungen hören wollten. Dann jedoch fällt ihm ein, dass er und seine Männer jederzeit auf einen mörderischen Angriff der Wilden gefasst sein müssen, dass ihre Lage ja um keinen Deut besser ist. Ganz im Gegenteil. Die Männer des Kolumbus dösen hinter Palisaden, haben schreckliche Langeweile, was aber wesentlich angenehmer ist als Todesangst. Und sie haben wenigstens noch eine Chance und Hoffnung auf Rettung. Die Meuterer haben, realistisch betrachtet, überhaupt nichts mehr.

Sie erreichen endlich eine Lichtung. Hier ist die Gefahr eines Angriffs etwas geringer, die Indianer müssten nahe heranschleichen und würden gesehen werden. De Porras postiert vier Doppelwachen, der Rest seiner Männer sinkt nieder und reibt sich stöhnend die lange gebeugten Knie und die lange eingezogenen Genicke. So vom Herrn zum Gejagten zu werden, muss erst mal verkraftet werden.

Nach ein paar Minuten des Ruhens kommt dann die entscheidende Frage von Manuel, dem Bärtigen, aus Salamanca: »Was machen wir jetzt?«

Alle sehen sie auf Francisco de Porras, den Anführer, der in diesem Moment nicht mehr Anführer sein will. Ihm fällt nichts Besseres ein, als mit den Schultern zu zucken.

»Du hast uns in diese Scheiße geführt«, schimpft einer.

»Genau!«

»Sicher ist mal, dass wir uns das nicht gefallen lassen. Das kann ja wohl nicht sein, dass diese Nacktärsche unsere Kameraden töten.«

»Abschlachten.«

»Genau!«

»Und was willst du tun?«, fragt de Porras.

»Zurückschlagen!«

»Niedermetzeln!«

»Genau!«

»Aber sie sind viel mehr als wir.«

»Na und?«

»Egal.«

»Zurückschlagen.«

»Niedermetzeln. Samt Frauen und Kindern!«

»Nein, Frauen und Kinder zuerst.«

»Genau!«

Sie erregen sich noch fünf oder sechs Minuten, gedemütigt durch die neue Rolle der Gejagten und noch immer geschockt vom Anblick der massakrierten Kameraden. Im Grunde aber weiß der ganze elende Haufen, dass er gegen die Ureinwohner, die nun nicht mehr lieb und sanftmütig sind, sondern zum Angriff entschlossen, keine Chance hat. Sie haben ja nicht einmal eine Ahnung, wie viele Feinde es auf der Insel gibt. Aber sie wissen, dass sie noch 34 sind. Morgen vielleicht bloß noch 30, übermorgen 20 und so weiter. Ihre einzige Kriegstaktik war, grausam zu sein. Die hat sich verbraucht. Grausam sein können die anderen jetzt auch.

»Es gibt nur eines«, sagt Manuel aus Salamanca. »Wir nehmen uns Kanus. Wir stechen in See und versuchen noch einmal, Hispaniola zu erreichen.«

»Niemals!«, zischt Francisco de Porras.

»Warum nicht? Vielleicht haben wir diesmal mehr Glück. Méndez hat es auch geschafft.«

»Niemals«, wiederholt de Porras. Der Horror, den dieser klägliche Versuch hinterlassen hat, die Todesangst in den vollgelaufenen, jede Sekunde vom Kentern bedrohten Kanus ist mächtig und kann durchaus auch wackere Seemänner an Land halten. Aber es gibt auch Sachargumente.

»Bedenkt«, sagt de Porras, »der Gouverneur weiß jetzt, dass Kolumbus noch an diesem Strand hockt. Als was wird er dann uns auf Hispaniola empfangen?«

Nicht jeder versteht sofort.

»Er wird wissen, dass wir Meuterer sind. Er wird uns in Ketten legen lassen.«

»Der hat's nötig«, empört sich einer. »Hat ja selbst jede Menge Dreck am Stecken.«

»Genau!«

»Aber er ist der Gouverneur und du nicht!«

»Stimmt auch wieder.«

Dumpfes Brüten im Urwald. Sie holen die letzten Bissen aus ihren Beuteln. Spätestens morgen müssen sie wieder ein Dorf überfallen und Vorräte erbeuten, sonst wird es knapp. Die Wilden werden sich wehren. Es wird ein Gemetzel geben mit vielen Toten. Auch spanisches Blut wird fließen.

Mit Kisten Goldes wollten sie heim nach Kastilien. Ein paar Tage lang waren sie steinreich. Jetzt ist alles verloren und sie kämpfen im feindlichen Wald ums nackte Überleben. Bravo, gut gemacht, Francisco de Porras.

Die Männer sehen ihn wütend an. Der Anführer spürt, dass er jetzt eine Lösung braucht. Und zum Glück fällt sie ihm in diesem Moment ein.

»Unsere einzige Chance ist, dass ein Schiff kommt«, sagt er.

Die Männer murren und schütteln enttäuscht die Köpfe. So weit waren sie schon.

»Und dass man uns an Bord nimmt als unbescholtene spanische Seeleute.«

»Sicher dürfen wir mit an Bord«, mault einer. »In Ketten. Dazu brauchen wir uns bloß Kolumbus zu ergeben.«

»Dann werden wir auf Hispaniola ordentlich gehängt, statt hier von Wilden aufgeschlitzt.«

»Auch ein Fortschritt.«

»Genau.«

Einige der Männer lachen rau. Francisco de Porras schüttelt den Kopf. »Ihr versteht nicht«, raunt er.

»Was denn?«

»Wir werden ehrenvoll als des Kolumbus' reguläre Mannschaft an Bord gehen. Als die Überlebenden. Die Tapferen, die bis zuletzt mit dem Admiral ausgehalten haben.«

Es dauert eine Weile, bis sie kapieren. Die, die verstehen, glotzen de Porras an. Kann er das wirklich meinen?

»Und wir hätten das restliche Gold und würden fürstlich belohnt. Zu Hause in Kastilien«, ergänzt de Porras.

»Aber das würde ja bedeuten, dass ...«, fängt einer an.

»... dass wir Kolumbus ermorden müssen.«

»Und all die anderen auch.«

Francisco de Porras strafft sich. Er steht jetzt wie ein Fels in einem Feld Geknickter und Erniedrigter. Mit düsterer, fester Stimme sagt er: »Es fließt auf dieser Insel sehr viel Blut. Das Einzige, was wir noch tun können, ist: bestimmen, wessen Blut es ist.«

Wenn Misstrauen stinken würde, wäre diese Bucht eine einzige Kloake, denkt Kolumbus. Es wird nicht mehr gebrüllt, nicht mehr gewütet. Es ist gefährlich still. Alle starren ununterbrochen auf das Meer. Jede Minute kann ein Segel auftauchen. Jede Sekunde kann es so weit sein. Die Not kann von einem Augenblick zum nächsten enden. Alles kann sich in einem Happy End auflösen – Kameraden, die heranrudern, freudig winken und dann durch die Wellen waten, Hurra-Rufe, Schulterklopfen, ausgelassenes Lachen, Umarmungen, Verbrüderungen, Becher randvoll mit Wein und Schnaps, eine Sau am Spieß, eine ausgelassene karibische Strandparty.

Oder eben nicht. Der Horizont bleibt leer. Kein Schiff gestern, heute, morgen. Sie kommen nicht. Sie wollten bloß mal nachsehen, ob wir noch leben. Dass wir noch leben, passt in kein Konzept. Deshalb werden wir aus der Geschichte gestrichen. Kein Segel. Dem Meer ist sowieso alles gleichgültig. Beleidigend gleichgültig. Der Horizont bleibt leer. Beleidigend leer. Kolumbus ist ein elender Lügner.

Der Admiral spürt, als er so aufrecht und stolz wie noch möglich durch das Lager schreitet, die Blicke wie Messerstiche. »Wieder ein ganzer Tag, und wieder nichts«, brummt ein Matrose böse. Ansonsten eher ein Zischen und Starren, wie in einer Schlangengrube. Kolumbus erwidert nichts. Jede weitere Erörterung kann die Lage nur verschlimmern. Wie lange noch?, denkt Kolumbus. Wann reißt das Band, das sie zurückhält? Sie werden sich auf mich stürzen. Wann? Morgen? Heute noch? Jetzt gleich?

Es ist ein bisschen wie bei der ersten Reise, die ja eigentlich seine zweite war, als der Seeweg nach Indien doch weiter war, als er es den Majestäten und Matrosen vorgelogen hatte – er hatte da die Machbarkeit etwas dehnen müssen -, und letztere sich auf hoher See ausrechnen konnten, dass die Vorräte nie und nimmer für die Rückreise reichen würden. Kolumbus predigte, debattierte, beschwor, beschönigte und beschwichtigte pausenlos in Einzel- und Gruppengesprächen. Die Seemänner drohten, ihn ins Meer zu werfen und dann umzukehren. »Auf welchem Kurs wollt ihr denn nach Hause segeln«, lachte Kolumbus. »Wollt ihr gegen den Wind segeln? Ich alleine kenne die

Winde und die Passagen, die uns bis Indien und auch wieder heil zurück nach Spanien bringen. Also ruhig Blut. Gleich ist es geschafft.«

Der entscheidende Unterschied ist, dass er damals wusste, hundertprozentig wusste, dass seine Inseln bei diesem Kurs auftauchen würden. Wenn nicht heute, dann morgen. Hier weiß er: Das Schiff, das sie nicht gerettet hat, ist längst zurück in Santo Domingo. Mehr weiß er nicht. Was verhandeln die dort? Spielt der Gouverneur weiter auf Zeit, weil diese peinliche Kreatur von einem verhunzten Kapitän ihm berichtet hat, Kolumbus sei ein todkranker Greis und mache es garantiert nicht mehr lange? Hat der treue Méndez noch ein Wort mitzureden, oder hat ihn Ovando beseitigen lassen? Hinrichten lassen, meucheln lassen, einkerkern lassen? Hat der Vizekönig, der die Insel entdeckt, für die Majestäten in Besitz genommen und zivilisiert hat, überhaupt noch einen einzigen Fürsprecher auf Hispaniola? Fragen über Fragen. Die Unterredung mit diesem sogenannten Kapitän hatte keine fünf Minuten gedauert. Befehl ist Befehl und so weiter. Spezialauftrag, alles ganz besonders geheim, bloß keine Fragen. Er hätte diesen Wicht an die Wrackwand klatschen und von den Holzwürmern auffressen lassen sollen. Stattdessen gab er ihm das Geleit und sorgte dafür, dass er mit heiler Krötenhaut von der Insel wegkam. Schön blöd.

Die Männer hatten Recht. Sie hätten sich das Schiff einfach nehmen sollen. Hier sind wir, Ovando, noch Fragen? Kannst dich ja beschweren. Deine Ratte findest du geknebelt unterm Tauwerk und ihre Mannschaft haben wir auf der Insel gelassen. Dort lässt es sich, wie wir bezeugen können, eine Weile aushalten. Und herzlichen Dank noch für den Wein und die halbe Sau.

»Wie kann das sein, mein lieber Herr?«

Kolumbus dreht sich, von der höflichen Anrede sehr irritiert, um und sieht Tejo. Der Schiffsjunge schaut ihn traurig an.

»Wie kann es sein, dass sie uns nicht abholen?«

»Sie werden uns abholen, lieber Tejo. Ganz gewiss. Sie …«

»Ich kann nicht mehr daran glauben.«

»Sie werden kommen.«

»Sie müssten längst hier sein.«

»Wahrscheinlich gibt es … Komplikationen. Es ist nicht immer alles so einfach, mein lieber Junge.«

»Warum tun sie Euch das an?«, fragt Tejo leise. »Ihr habt doch so viel für sie erreicht.«

Kolumbus öffnet den Mund, um routiniert etwas Beschwichtigendes zu antworten, doch hält er mit offenem Mund und eingezogenem Atem inne. Ja, verdammt, der Junge hat Recht.

So schlicht lässt sich das ausdrücken.

»Ich bin sehr traurig, mein lieber Herr.«

»Ich sehe das, Tejo, und es zerreißt mir das Herz. Aber sei versichert: Am Ende wird alles gut. Du wirst nach Hause kommen und ein langes, glückliches Leben wird dir beschieden sein.«

Und nach einer kurzen Pause: »Auch gute Menschen haben mal das Recht auf ein bisschen Glück.«

»Es geht nicht so sehr um mich, mein lieber Herr.« Tejo sieht schüchtern zu Boden. »Eher um andere Dinge.«

Guter Junge, denkt Kolumbus. Immer sorgt er sich um die anderen. Ein Juwel. Auf jeden Fall ein Einzelstück. Sanft fragt er: »Wie meinst du das?«

»Ich glaube, dass wir alles Schlechte mit hierherbringen. Ich weiß nicht, ob ich mich richtig ausdrücken kann, Herr.«

»Sprich weiter. Ich verstehe dich.«

»Alles Schlechte, das uns zu Hause zernagt und mit dem wir nicht fertig wurden, bringen wir jetzt hierher. Das ist gemein von uns. Die Menschen hier können doch nichts dafür, dass wir nicht zurechtkommen.«

»Ein sehr interessanter Gedanke, Tejo.«

»Ich meine bloß, dass sie von uns so gar nichts lernen können. Dass wir ihr Leben nur verschlechtern werden. Das macht mich so traurig. Seit wir hier sind, muss ich immer an die Geschichte von Adam und Eva und dem Paradies denken. Ich glaube, wir sind die Schlange.«

»Das sind sozusagen die Nebenwirkungen großer Taten, mein Junge. Wo gehobelt wird, da fallen Späne. Wir bringen viel Gutes, müssen aber selbst sehen, dass …«

»Sie hätten bessere Menschen verdient, als wir es sind«, sagt der Junge mit fester Stimme.

»Es werden bessere Menschen folgen. Wir sind ja bloß die Vorhut. Die harten Haudegen, die Schneisen in den Dschungel schlagen, damit Neues, Gutes seinen Weg finden kann. Auf unseren Pfaden werden Könige gehen, Priester und Gelehrte.«

»Eine Frage habe ich noch, mein lieber Herr.«

»Ja.«

»Möchtet Ihr wieder nach Hause?«

»Aber sicher!« Kolumbus schaut ihn verständnislos an.

»Und warum?«

»Weil noch so vieles getan werden muss. Es gibt so vieles zu besprechen, abzusichern, vorzubereiten. Die Welt ändert sich rasant, Tejo. Wir müssen das alles regeln. Ich muss dringend mit den katholischen Majestäten konferieren. Uns läuft die Zeit davon.«

»Ihr wollt, dass dieses Land Euch gehört.«

Jetzt ist aber genug. Kolumbus räuspert sich und sieht auf den kleinen Schiffsjungen herab. »Ich will, dass dieses Land Spanien gehört!«

»Aber das ist nicht Recht, Herr! Es gehört den Menschen, die hier leben!«

»Das verstehst du nicht. Wirklich nicht! Die Menschen hier sind Wilde. Ungläubige. Heiden. Ihnen kann überhaupt nichts gehören. Das ist juristisch gar nicht möglich. Dies war Niemandsland, bis ich es entdeckte.«

»Aha.«

»Verstehst du das?«

»Nicht so richtig. Ich frage mich halt, ob der Großkhan das genauso sieht.«

»Der Großkhan?«

»Ja«, beharrt Tejo. »Ihr habt uns doch immer gesagt, dass wir ins Reich des Großkhans reisen, dem alles Land in Indien gehört.«

Es ist ein Riesenfehler, sich auf solche Diskussionen einzulassen, ärgert sich der Admiral. Meine Schwäche. Ich habe mich von diesem traurigen Blick und der treuen Haut täuschen lassen. Die Leute verstehen so was nicht. Denken verwirrt sie endlos und führt zu absolut ungesunden Ideen. »Siehst du hier den Großkhan?«, fragt er barsch und schon im Weitergehen.

»Nein.«

»Oder einen seiner ausgewiesenen Beamten?«

»Nein.«

»Eben. Darum sind das alles Wilde und nicht geschäftsfähig. Das Land gehört uns, basta. Alles Weitere regle ich mit dem Großkhan, falls ich ihn mal treffen sollte.«

»Aber …«

»Was denn noch, Tejo?« Das Gespräch wird zunehmend unangenehm. Außerdem hören schon ein paar Seeleute mit, und in dieser geladenen Stimmung kann der harmloseste Disput zur Meuterei führen. Kolumbus will weg.

»Aber der Großkhan ist doch auch ein Wilder und Heide.«

»Warum das denn?«

»Weil er nicht an Jesus Christus glaubt.«

»Aber er glaubt an irgendwas.«

»Das tun Ameyro und seine Leute im Wald auch.«

»Aber der Großkhan glaubt an etwas Durchdachtes, Vernünftiges.«

»Aha.«

»Und irgendwann, so Gott will, wird er sich auch zur katholischen Kirche bekennen. Das wird dann ein Jubelfest sein, lieber Tejo.«

»Und dann bekommt er das Land zurück?«

»Das ist … kompliziert.«

»Zu kompliziert für mich, lieber Herr.«

»Eben. Darum ist es wichtig, dass du mir vertraust, mein Junge. Ich kenne den Kurs.«

»Ja, mein Herr. Verzeiht. Ich verstehe es wirklich nicht.«

Der Admiral ist halbwegs versöhnt und gönnt dem naiven Schiffsjungen ein kleines Lächeln. »Schon gut, Tejo«, sagt er. »Ich verstehe, dass dich solche Fragen umtreiben. Aber die Wahrheit ist eben kompliziert. Die Welt ist nicht nur schwarz und weiß.«

»Und das ist auch der Grund, dass man uns nicht abholt?«

Kolumbus räuspert sich noch einmal. Selbst schuld, ärgert er sich. Lass diese sinnlosen Gespräche mit Kindern und Kindsköpfen. Er stapft davon und sieht wieder zum weiterhin blanken Horizont. Die Langeweile und das Grübeln haben mit dem Verstand der Männer das Gleiche gemacht wie der Holzwurm mit meinen Schiffen, denkt er. Noch ein paar Wochen und sie sind selbst Wilde.

Seltsam, zum ersten Mal seit Jahren muss Kolumbus wieder an seinen Jugendfreund Gabriel denken. Den Mit-Entdecker, wenn man so will. Er hat nichts aus dieser Entdeckung gemacht und ist lieber selbst zum Wilden geworden. Ob er noch lebt? Wie es ihm wohl ergangen ist? Trägt er Lendenschurz, schmiert er sich Farbe ins Gesicht, spricht er in seltsamen Lauten, rammelt er dickbusige Indianerinnen, tanzt er mit den anderen Wilden nachts ums Feuer? Was sie sich wohl zu sagen hätten, wenn das Schicksal sie jemals wieder zusammenführen würde? Kolumbus sieht zum Wald hoch. Nichts regt sich.

Auf der Insel Chaymaka wird dringlichst ein Schiff erwartet. Auf Hispaniola allerdings auch. Viermal am Tag schickt Amerigo Vespucci einen Jungen zum Hafen von Santo Domingo, damit der nachsehe, ob das Schiff von Kapitän Diego de Escobar schon zurück sei. Leider noch nichts, meldet der verschwitzte und atemlose Junge jedes Mal.

Die Spannung ist für Vespucci kaum zu ertragen. Von dieser einen Nachricht hängt das Gelingen all seiner Pläne ab: dass Christoph Kolumbus tot ist. Träfe diese Nachricht heute ein, würde er schon morgen damit beginnen, Kolumbus vergessen zu machen. Entsprechende Briefe an einflussreiche Gelehrte und Kartografen in Europa hat er bereits vorbereitet. Der große Amerigo Vespucci berichtet vor Ort vom Stand der Entdeckungen, die doch eine ganz andere Entwicklung nehmen, als sich das viele fernab in Europa in ihren Stuben so vorstellen und bei denen ein gewisser Genuese namens Kolumbus oder Kolembus oder Klembus oder so ähnlich eine viel kleinere Rolle spielt, als vielfach noch immer angenommen.

In den qualvollen Stunden des Wartens malt sich Amerigo Vespucci zuweilen aus, was Kapitän Escobar so alles berichten könnte. Christoph Kolumbus sei von Eingeborenen grausam zerstückelt worden. Man habe an den Überresten kaum noch etwas Menschliches entdecken können. Oder er sei an verdorbenem Fraß, sich in entsetzlichen Krämpfen windend, elendiglich zugrunde gegangen. Mehrere Tage habe die Qual gedauert. Oder er sei bei einem Erkundungsgang von einem Felsen gestürzt und habe sich beide Beine aufgerissen. Einer von der Mannschaft – man habe losen müssen – habe dem Admiral mit einer Schiffssäge beide Beine abgeschnitten, aber alle Mühe sei umsonst gewesen. Kolumbus sei dann leider doch am Wundbrand gestorben. Ja, solche Geschichten möchte der an seinem Quälgeist Kolumbus leidende Vespucci jetzt hören. Oder auch nicht. Meinetwegen auch Ertrinken, ein Schlangenbiss oder eine Herzattacke. Hauptsache tot.

Am Nachmittag des vierten Tages stürmt der Junge ganz aufgeregt in Vespuccis Zimmer. Kapitän Diego de Escobar sei zurück. Leider sei ansonsten am Hafen so gar nichts zu erfahren. Die Mission sei offenbar als höchst geheim eingestuft. Keiner wolle reden.

Amerigo Vespucci wird schwarz vor Augen. Die Sache ist also entschieden. Bloß weiß er noch nicht, wie.

Bald darauf schaut der schüchterne Diener ins Zimmer und verkündet Vespucci, Gouverneur Ovando erwarte ihn auf einen Becher Wein zur Dämmerstunde. »Dachte ich mir«, entfährt es Vespucci. Er strafft sich. Soll also die Geschichte ihr Urteil verkünden.

Die Szenerie ist die wohlbekannte: Nicolás de Ovando an seinem mächtigen Holztisch, ein Glas Wein in der Hand. Dämmeriges Zwielicht.

»Es geht Euch besser, mein lieber Herr Vespucci. Wie schön!«

»Danke.«

»Haben meine Leute Euch auch gut versorgt?«

»Ja.«

»Und auch ein bisschen gepflegt? Ich hoffe doch.«

»Danke, ja.«

Der Gouverneur räkelt sich in seinem Sessel und sieht seinen Gast spöttisch an. Er spürt natürlich, dass der vor Ungeduld zu platzen droht. Wie schön.

»Ihr habt gehört, dass Kapitän Escobar zurück ist?«, fragt er.

»Ja.«

Der Gouverneur grinst und sagt: »Nun denn.« Würdevoll hebt er das Glas und besieht sich den Wein mit sehr viel Muße.

»Aber ich weiß leider nicht, welche Nachricht er uns gebracht hat.«

»Geduld«, sagt Ovando sanft, »Geduld, mein Guter.« Er hält das Weinglas gegen das Licht einer Kerze, dreht es ein Stück hin und wieder ein Stück zurück und säuselt: »Ja, Geduld. Das ist es, woran es uns so oft mangelt. Geduld. Dieses kleine bisschen Geduld.«

»Ich bitte Euch, Gouverneur, sagt mir …«

Ovando hebt die Hand. Der Gast soll schweigen. Das Spiel macht einfach zu viel Spaß.

»Ich erscheine Euch als langweiliger Verwalter und ideenloser Beamter, mein lieber Vespucci.«

»Nein.«

»Doch.« Der Gouverneur grinst. »Ich kann Euch das nicht verdenken. Ich bin ein Beamter und ein Langweiler. Aber, mein lieber Vespucci, ich habe auch eine ganz andere Seite.«

»Davon bin ich überzeugt, Exzellenz. Aber ich möchte doch bitten, mir nun …«

»Zum Beispiel befasse ich mich ausgiebig mit Philosophie. Denkt man nicht, oder?« Wieder dieses Grinsen. »Und mit Technik. Mit Fortschritt. Ich denke zum Beispiel, dass die Nachrichtenübermittlung eines unserer größten Probleme ist. Ich meine natürlich: die mangelhafte Nachrichtenübermittlung.«

Vespucci starrt ihn verständnislos an.

»Ein Beispiel, mein verehrter Herr Vespucci, weil wir gerade so gemütlich beisammensitzen: Wenn ich als Gouverneur von Hispaniola ganz dringend wissen müsste, was die Majestäten in Barcelona heute zu Mittag gegessen haben, dann würde es wie lange dauern, bis mich diese Information erreicht?«

Ganz gewiss steht dem verehrten Herrn Vespucci zu dieser Stunde der Sinn nicht nach Rechenaufgaben. Mürrisch stammelt er: »Ich weiß nicht.«

»Sieben Wochen würde es dauern. Sehr günstige Winde vorausgesetzt. Sieben Wochen dauert es, um zu erfahren, ob der König bei Tisch Fleisch oder Fisch bevorzugt hat. Ein anderes Beispiel: Es ist durchaus denkbar, dass Frankreich unser schönes Spanien im Sturmlauf erobert hat. Sagen wir: vor einem Monat. Ihr und ich, wir hätten davon keine Ahnung, Vespucci. Schockierend, oder?«

»Ja, schon.« Vespucci ruckelt auf dem harten Stuhl auf seiner Seite des riesigen Holztischs hin und her. Der Gouverneur nippt am Weinglas, hält es dann wieder zur Kerze hin, dreht es in aller Seelenruhe.

»Ihr werdet mich für verrückt halten, Vespucci, aber ich für meinen Teil bin überzeugt davon, dass dieses Problem der mangelhaften Nachrichtenübertragung bald beseitigt sein wird. Ich habe das Gefühl oder besser: die Vorahnung, dass die Lösung irgendwie in der Luft liegt, im wahrsten Sinne des Wortes. Da sind Teilchen in der Luft, die Botschaften transportieren können, sozusagen in Gedankenschnelle. Diese Lösung wird die Welt revolutionieren.«

Was für ein Blödsinn, denkt Vespucci. Doch er sagt: »Ich weiß nicht, Exzellenz. Aber wenn Ihr es sagt.«

»Doch, Vespucci, so wird es kommen. Wenn die Majestäten in Barcelona zu Mittag essen, werde ich in fünf Minuten wissen, ob es ihnen schmeckt oder nicht. Faszinierend, oder? Ich werde ihnen guten Appetit wünschen und das wird sie noch während der Mahlzeit erreichen.«

Vespucci kann nicht mehr an sich halten. Barsch sagt er: »Ich weiß wirklich nicht, was das mit unserem Problem zu tun hat.«

Sanft und bedächtig stellt der Gouverneur das Weinglas ab. Er legt die Hände auf den Holztisch, drückt den Rücken durch und beugt sich nach vorn. Jovialität und Heiterkeit sind aus seinem Gesicht gewichen. Er sieht den Gast finster an.

»Was ich sagen will, ist: Mancher ist der Ansicht, dass es wegen der erwähnten Mängel bei der Nachrichtenübermittlung egal ist, was er so rumerzählt. Bis der Verleumdete davon erfährt, ist es Sommer geworden und Winter und wieder Sommer. Es kann also nichts passieren. Doch das ist ein Irrtum. Manchmal ein tödlicher Irrtum.«

Vespucci schluckt trocken. Er ahnt jetzt, was kommt.

»Noch ein Beispiel, mein Lieber, weil Ihr Beispiele doch so mögt: Wenn Ihr in Spanien Übles, ja Verleumderisches über mich erzählen würdet, dann würde es – wie erwähnt – sieben Wochen dauern, bis ich davon erfahre. Mindestens sieben Wochen. Vielleicht gehen gerade keine Schiffe von Cádiz oder Palos ab, dann sind es neun oder zehn Wochen. Oder es wüten Stürme, die Schiffe müssen auf den Kanarischen Inseln ausharren. Dann sind es zwölf Wochen. Ein Vierteljahr. Eine lange Zeit, gewiss.«

Ovandos Gesicht kommt noch näher an Vespucci heran.

»Aber ich werde es erfahren, Vespucci. Meine Antwort und meine, sagen wir: Gegenmaßnahmen werden dann noch einmal lange Wochen für den Weg zurück nach Spanien brauchen. Aber sie werden eintreffen. Seid gewiss: Sie werden eintreffen! Und dann, mein Lieber, dann gnade Euch Gott.«

»Kolumbus lebt«, sagt Vespucci. Der Gouverneur geht nicht darauf ein.

»Wenn Ihr auch nur einer Menschenseele erzählt, ich hätte Kolumbus nicht helfen wollen, dann, mein lieber Freund, nagle ich Euch an die Wand. Wenn ich mit Euch durch bin, wird nichts mehr von Euch übrig sein, und die Leute werden auf Euer Grab pissen.«

»Niemals würde ich …«

»Habt Ihr mich verstanden?«, herrscht ihn Ovando an. Er scheint, als wolle er jeden Moment über den Tisch springen und sein Gegenüber am Kragen packen.

»Niemals …«

»Ja oder Nein?«

»Ja, Exzellenz.«

Der Gouverneur entspannt sich augenblicklich. Sein Angriffsgesicht zieht sich zurück, der Körper erschlafft und fällt in den bequemen Sessel. »Schön, dass wir das klären konnten.«

»Selbstverständlich.«

Nicolás de Ovando lächelt und schlägt sich mit der flachen Hand gegen die Stirn. »Wo habe ich bloß meine Gedanken? Wo meine

Manieren, mein verehrter Vespucci? Ich habe Euch ja nicht einmal ein Glas Wein angeboten.« Er winkt den schüchternen Diener heran. »Ganz und gar unverzeihlich ist das einem Freund gegenüber.«

»Danke.«

Der Diener schenkt Wein in ein Glas. Amerigo Vespucci trinkt, ohne zu schmecken, was er trinkt. Es könnte auch sechs Wochen alte Milch sein. Eine atemraubende Pause entsteht.

»Ihr werden ihn also abholen lassen«, sagt Vespucci schließlich.

Der Gouverneur richtet sich auf, ist jetzt ganz Amtsperson. Tadelnd sieht er über den Tisch hinweg den ehrlosen Ausländer an. »Selbstverständlich schicke ich unverzüglich ein stattliches Schiff los, um Christoph Kolumbus, Admiral und Vizekönig, in wichtigen Missionen unterwegs im Auftrag Ihrer Majestäten, aus seiner durchaus misslichen Lage zu befreien.« Und nach einer weiteren bedrohlich langen Pause: »Was dachtet Ihr denn?«

Die Sonne brennt auf die Schultern. Lange genug hat er sich gemütlich im Sand geräkelt. Er steht auf, macht sich lang, streckt sich, bis die Wirbel knacken und er alle Muskeln spürt. Langsam geht er los auf dem Saum, wo die sanften Wellen am Strand auslaufen. Er spürt, wie sich die Fußballen in den feuchten Sand senken und sich wohlig Platz schaffen, Sandkörner kitzeln zwischen den Zehen, warmes Wasser umspült sie. Ein herrliches Gefühl. Er geht schneller, er läuft, er rennt, er hebt die Knie bis fast zur Brust, seine starken Beinmuskeln drücken sich ab, und der Körper schnellt nach vorne. Links und rechts von ihm spritzen Sand und Wasser. Er spürt die Luft als kühlenden Wind. Dann hat er den Wald erreicht. Er stürmt hinein, ohne abzubremsen, er springt geschmeidig über Gebüsch und Baumstämme. Da vor ihm ein breiter Graben. Macht nichts, er rennt weiter, er stößt sich ab und fliegt lange durch die Luft, überspringt den Graben.

Bei der Landung muss er tief in die Hocke gehen, doch sofort drücken die verlässlichen Oberschenkel nach oben und er rennt weiter, noch kühner, noch schneller, noch erhabener. Er jauchzt dabei wie ein übermütiger Affe, bis der ganze Wald von seinen Lustschreien erfüllt ist. Ewig möchte er laufen und jauchzen, laufen und jauchzen.

Etwas ruft ihn. Jemand stört ihn. Wie kann jemand diesen herrlichen Lauf unterbrechen wollen? Wie kann es sein, dass jemand ihm dieses Vergnügen nicht gönnt? Nein, er will nirgendwo anders sein. Bitte nicht. »Nein«, stöhnt der Unberührbare. »Bitte nicht.« Er spürt, dass jemand sehr nahe bei ihm ist, neben ihm kniet. »Wach auf«, flüstert Mencia flehentlich. »Da stimmt etwas nicht. Wach auf!«

Er ist zurück in seinem zerschmetterten Körper. Niemals wieder wird er auch nur einen Meter gehen können, niemals wieder Sand und Wasser zwischen seinen Zehen spüren. Er liegt auf der schmalen Matte und kann nur noch die linke Hand etwas bewegen. Es ist tiefe Nacht, und Mencia ist sehr aufgeregt.

»Hör doch!«, bittet sie.

Das Knacken von Ästen, Schritte, halblaute, gehetzte Worte sind zu hören. Da ist keiner, der versucht, sich anzuschleichen. Da eilt jemand heran. Irgendetwas muss passiert sein, und irgendetwas wird gleich passieren.

»Unberührbarer!«

Der Angesprochene erkennt die Stimme. Es ist sein Freund Ameyro.

»Aufwachen, Unberührbarer, schnell!«

»Was ist denn los?«

Üblicherweise achtet der feinsinnige Ameyro sehr auf Umgangsformen. Niemals würde er das Heim eines von ihm Geachteten ohne freundliche Aufforderung betreten. In dieser Nacht darf das nicht gelten. Ohne Zögern und ohne jede Zurückhaltung stürmt er in die Hütte und befiehlt: »Wir müssen fort!«

»Was ist passiert?«, schreit Mencia auf.

»Keine Zeit für Erklärungen. Sie werden gleich hier sein.«

»Wer denn?«, fragt der Unberührbare, bis dahin der Gelassenste dieser nächtlichen Szene.

»Caracoya und seine Männer. Sie kommen, dich zu töten.«

»Warum das?«

Statt Zeit mit weiteren Worten zu verlieren, winkt Ameyro seine Männer heran. Sie stellen die Trage auf die Erde. Zwei von ihnen packen den Unberührbaren mit schnellen, routinierten, zwingenden Griffen. Einer greift unter die Schultern und einer nimmt die Füße, sie hieven ihn mit einem Schwung auf die Trage.

»Stopp!«, schreit der Unberührbare. Trotzdem heben sie die Trage an und schaffen ihn aus der Hütte.

»Aufhören!«, brüllt der Unberührbare. »Sofort aufhören!«

Niemand hört auf ihn. Keiner drosselt auch nur das Tempo. Sie eilen über den Vorplatz der Hütte und sofort in den Wald hinein. Vorneweg Ameyro, dann die Krieger mit der Trage und mit einigem Abstand folgt Mencia. Es geht gleich eine steile Senke hinab. Blätter und Zweige schlagen dem Unberührbaren ins Gesicht. Zweimal stolpern die Träger und wären beinahe gestürzt. Sie schaffen es gerade noch, die Trage abzufangen, ehe die bewegungsunfähige menschliche Last ins Unterholz geschleudert worden wäre. »Anhalten!«, brüllt der Unberührbare verzweifelt. »Was fällt euch ein! Sofort anhalten!« Niemanden kümmert es. Der vollkommen Wehrlose, der furchtbar Gedemütigte beginnt zu weinen.

Nach einer Stunde bleibt Ameyro stehen und gibt seinen schweißtriefenden, erschöpften Männern ein Zeichen, die Trage leise abzusetzen. Der Kazike steht auf einer kleinen Lichtung und horcht in den Wald. Nach einer langen Weile sagt er: »Gut.« Er sieht auf den Boden, wo der Unberührbare liegt und wimmert. Der Kazike kniet zu ihm nieder.

»Es tut mir sehr leid, dass wir dir das antun müssen, Unberührbarer. Aber Flucht ist die einzige Möglichkeit, die uns bleibt.«

Der Angesprochene schluchzt, und wenn es hell wäre, könnte Ameyro Bäche von Tränen sehen, wie sie über das verzweifelte, verzerrte Gesicht strömen. Durch das Schluchzen hindurch versucht der Gedemütigte, Worte zu formen. Lange gelingt es ihm nicht, dann ist zu verstehen: »Warum tut ihr das?«

»Um dein Leben zu retten, Unberührbarer. Caracoya ist auf dem Weg, dich zu töten.«

»Und warum?«

»Weil du eine Weißhaut bist.«

»Nur darum?«

»Und weil du mein Freund bist.«

»Aber du …«

Ameyro unterbricht den verzweifelten Freund. »Ich habe nichts mehr zu bestimmen, Unberührbarer. Mein Volk ist gegen mich. Es glaubt, dass ich es schlecht geführt habe. Es sagt, ich hätte die Eindringlinge gleich am ersten Tag massakrieren sollen. Mein Volk sagt jetzt, was Caracoya sagt.« Er zeigt auf die schwitzenden Träger. »Diese Männer sind die letzten wirklich Getreuen.«

»Und wo bringt ihr mich hin?«, fragt der Unberührbare in vollkommener Verzweiflung, die schreckliche Antwort ahnend.

»Es gibt nur noch einen Ort, wo man dich beschützen kann«, sagt Ameyro. »Wir bringen dich zu deinen Brüdern.«

»Zu welchen Brüdern denn?«

»Zu den Weißhäutigen.«

»Nein!«, schreit der Unberührbare so laut, dass die dösenden Vögel beinahe von den Dschungelbäumen fallen. »Niemals! Nein!«

»Sei still!«, herrscht ihn Ameyro an. »Bist du wahnsinnig geworden?«

»Niemals will ich zu ihnen zurück!«

»Still jetzt! Du rufst ja Caracoya herbei. Du rufst deinen Tod herbei.«

»Mir egal«, schluchzt der Unberührbare. »Ganz egal.« Seine linke Hand fährt auf und nieder, immerfort auf und nieder. »Soll er mich auf der Stelle erschlagen!«

»Und sie?«, fragt Ameyro. Der Unberührbare dreht den Kopf und sieht ein paar Meter entfernt, am Rande des Waldes, Mencia stehen.

»Findet Caracoya sie bei dir, schlägt er sie auch gleich tot. Er ist kein Mann, der noch große Unterschiede macht.« Der Unberührbare versteht und nickt. Nein, um Himmels willen, ihr darf nichts geschehen. Als habe sie seinen Gedanken gelesen, kommt Mencia näher und kniet sich neben ihn. Mit einem Tuch wischt sie ihm die Tränen vom Gesicht.

»Meine Liebe«, sagt er. »Meine Liebe.«

»Lebe wohl, mein guter Freund. Wir werden uns niemals wiedersehen.«

»Ich weiß.«

Noch ist es Nacht. Der Wald liegt hinter ihnen. Ein Wind weht, die Brandung ist zu hören.

»Bitte passe gut auf sie auf«, fleht der Unberührbare.

»Ich verspreche es«, antwortet Ameyro.

»Ihr darf nichts geschehen.«

»Mencia wird kein Leid geschehen. Ich verspreche es dir bei meinem Leben.«

XI

Für einen besonderen Anlass hat Christoph Kolumbus eine Flasche Wein aufbewahrt. Man kann auch sagen: beiseite geschafft. Er hat den Wein, einen sehr guten andalusischen, in eine kleine Karaffe umgefüllt und diese in seiner Seekiste versteckt. Was dieser besondere Anlass sein wird, weiß ich nicht, dachte er damals und sah die Karaffe geradezu zärtlich an. Doch wenn es so weit ist, werde ich es wissen.

Jetzt weiß er, dass der Anlass da ist, allerdings weniger selbst gewählt als fremdbestimmt. Es macht keinen Sinn mehr, den guten Wein länger aufzusparen. Wenn ich ihn noch genießen will, dann jetzt. Denn dies ist meine letzte Nacht. Andächtig öffnet Kolumbus die Karaffe und lässt den Wein in seinen schönsten Becher fließen. Auf dem Tisch brennt eine Kerze. Er sieht sich in seinem Bretterverschlag um. Ein eher schäbiger Ort für den Abschied von meinem Leben, denkt er, aber naja, es geht schon und ändern lässt sich jetzt sowieso nichts mehr. Ein Mann, der stets die Fremde gesucht hat, stirbt in der Fremde. Schon in Ordnung.

Morgen, da ist sich Kolumbus sicher, werden sie ihn erschlagen. Er hat sie in Schach gehalten mit allem, was er hatte, und allem, was er konnte. Mit Versprechungen, falschen Berechnungen, Schmeicheleien, mit Diplomatie, Machtworten und mit finsteren Drohungen. Aber alles hat einmal ein Ende, selbst die vielfach erprobten Überredungskünste eines Christoph Kolumbus. Er ist durch mit allem, was er aufzubieten hat. Sie hören nicht mehr auf ihn. Sie hassen ihn. Sie müssen diesen Zorn, der sich in ihren Herzen und Seelen aufgebaut hat, jetzt lindern, und dazu gibt es nur ein Mittel: ihn, den Verursacher aller Leiden, zu erschlagen. Dass sie hinterher keinen Deut besser dran sein werden, rein äußerlich betrachtet, ist ihnen völlig egal. Hauptsache, Kolumbus ist tot.

So soll es denn sein. Andächtig trinkt er einen Schluck des Weins. Der Seefahrer Christoph Kolumbus, Entdecker unendlicher neuer Welten, erschlagen auf der Insel Chaymaka von den eigenen Männern im Juni des Jahres 1504. Na denn.

Und, hat es sich gelohnt, dieses Leben? Kolumbus trinkt den zweiten Schluck Wein und schnalzt mit der Zunge. Oder hätte er besser Wollweber in Genua bleiben sollen? Eher nicht, nein. Er ist kein Mann für die Masse. Er weiß auch nicht, wie sich ein so gewöhnliches Leben angefühlt hätte. So ohne Visionen, ohne Höhenflüge. Das Leben als ein Nichts ist nichts für ihn. Angst spürt er nicht. Er ist in dieser Nacht so gelassen wie selten in seinem Leben. Nichts mehr zu planen, nichts mehr zu hoffen, nichts mehr zu verteidigen, nichts mehr zu ändern, alles vorbei.

Jemand klopft an den Bretterverschlag. Jetzt schon, denkt Kolumbus. Aha. Ich habe angenommen, sie warten bis zum Morgen. Aber was solls, wegen der paar Stunden wollen wir nicht kleinlich sein. Er trinkt einen letzten Schluck Wein und sagt: »Herein!«

Jorge tritt ein, einer der anerkannten Faultiere der Truppe. Er sagt: »Entschuldigt, Admiral, dass ich störe.«

»Ja?«

»Aber da ist etwas, das müsst Ihr unbedingt sehen.«

Jorge stapft voraus durch den tiefen Sand, eine flackernde Fackel hochhaltend. Dunkler als die Nacht zeichnet sich vor ihnen der Wald ab. »Ich habe das bei meinem Rundgang entdeckt«, sagt Jorge langsam und wie nebenbei. »Ist alles ein bisschen merkwürdig.«

Wie vorwitzig steht ein gutes Stück vor dem Waldrand ein einzelner Baum, kräftig und keck. An seinem Stamm lehnt etwas Hohes, Schmales. Ein Brett. Oder eher eine Trage. Das Ende ist in den Sand gerammt, damit sie nicht wegrutscht. »Gesagt hat er noch nichts«, ergänzt Jorge lakonisch seine Informationen. »Ich weiß nicht mal, ob er sprechen kann.«

Ja, da lehnt eine Trage an dem vorwitzigen Baum. Drei Schritte davor bleiben Jorge und Kolumbus stehen. Der Matrose schiebt die Fackel nach vorn. In ihrem Schein erkennt der Admiral, dass jemand auf der Trage liegt. Vielmehr an sie gelehnt steht oder in der Senkrechten festgezurrt ist. Er tritt näher heran und schaut. Er schaut eine Minute, zwei Minuten. Er kann es unmöglich glauben. Was geschieht hier?

»Gabriel?«, fragt Kolumbus vorsichtig, zärtlich fast.

»Christoph?«, fragt der Festgezurrte zurück.

»Was tust du hier?«

»Das kann ich dich mit gleichem Recht fragen.«

Die Spannung ist so groß, die Situation so grotesk, dass Kolumbus lachen muss. »Verzeih bitte, aber das hier ist so … unglaublich.«

»Das stimmt.«

»Ich meine, wir haben uns so lange Zeit nicht mehr gesehen. Und jetzt, völlig unerwartet, treffen wir uns wieder in dieser Nacht, an diesem Ort. Ist das ein Traum?« Kolumbus kommt noch ein Stück näher heran. Er muss dieses Gesicht sehen. Er kneift die Augen zusammen, er starrt und starrt, als wolle er jede Pore inspizieren. Ja, Gabriel. Gealtert, mager, faltig, leidend, aber Gabriel.

»Und jetzt sieht du mich so.«

»Ja, jetzt sehe ich dich so«, sagt Kolumbus leise und sanft.

»Freut es dich denn, mich zu sehen?«

»Ja«, sagt Kolumbus ehrlich. Er ist so verwirrt, selbst wenn er wollte, er könnte nicht lügen. »Ja.«

»Mich freut es auch.« Gabriel beginnt zu weinen. Zu schluchzen. Tränen schießen aus seinen Augen und tropfen in den Sand vor Kolumbus' Füßen.

»Warum weinst du?«

»Weil ich dich zehntausend Mal verflucht habe. Zehntausend Mal und mehr. Und jetzt freue ich mich doch, dich zu sehen.«

»Weil wir Freunde sind.«

Ein Krampf durchzuckt und rüttelt den gelähmten Körper. Gabriel schluchzt auf. Sein Kopf schlägt gegen das hölzerne Gestänge der Trage. Sofort schaut Kolumbus hinter sich in Richtung Lager. Keinesfalls dürfen die Männer etwas von dieser Szene mitbekommen, von der er selbst noch keine Ahnung hat, was sie zu bedeuten hat. Im Lager rührt sich nichts. Alle schlafen. Nur Jorge ist wach, und der steht ziemlich desinteressiert da, brav die Fackel hochhaltend.

»Du hättest nicht wiederkommen dürfen«, schluchzt Gabriel. »Wärst du bloß fortgeblieben.«

»Wie meinst du das?«

»Du hättest nicht wiederkommen dürfen«, presst Gabriel noch einmal zwischen den Tränen hervor. »Das durftest du uns nicht antun. Das war ein Verbrechen. Dein großes Verbrechen.«

»Unfug«, erwidert Kolumbus. »Das hier ist meine Entdeckung. Mein Land. Ich habe es für Spanien erobert. Und für mich.«

»Gar nichts gehört dir. Dir nicht und dem König nicht und Christus nicht und der Kirche nicht. Gar nichts. Du bist nichts als ein bösartiger Eindringling.«

»Na hör mal ...«

»Ohne dich wären hier alle sehr viel besser dran, Christoph. Du machst alles kaputt. Schlägst alles kurz und klein. Christoph Kolumbus, der große Zerstörer.«

»Aber ich bringe auch Gutes mit.«

Der auf die Trage Gezurrte schaut ihn böse an. »Gutes? Was denn? Billige Glöckchen, Glaskügelchen, Mord und Totschlag, Zwang, Peitsche, Sklaverei, Schuld, Verdammnis, Krankheiten, Hunger, Leid, Elend. Gut gemacht, Christoph!«

Ist das der rechte Ort und vor allem die passende Gelegenheit, solche Themen zu diskutieren? Nein, verdammt nochmal. Christoph Kolumbus dreht die Spitze seines Stiefels in den Sand. »So lange haben wir uns nicht gesehen«, sagt er mit einem Hauch Enttäuschung in der Stimme, »jahrzehntelang. Und jetzt treffen wir uns endlich wieder, und du machst mir nichts als Vorwürfe.«

»Was erwartest du denn? Belobigungen, weil du meine Welt zerschmetterst?«

»In ein paar Jahren werden die Menschen hier anders darüber denken.«

»In ein paar Jahren werden die Menschen, die du meinst, allesamt tot sein.«

»Aber dafür kannst du mich nicht verantwortlich machen.«

»Wen sonst?« Und nach einem langen Moment, während Gabriel den früheren Freund anstarrt: »Du alleine hattest die Wahl.«

Das ist doch absurd, denkt Kolumbus. Vollkommen verrückt. Wie ein Fiebertraum. Wie ein Probesitzen im Fegefeuer. Vor mir, in die Senkrechte gezurrt und offenbar zu keiner Bewegung mehr fähig, mein Freund, mit dem zusammen ich diese Neue Welt entdeckt habe. Er ist ganz offensichtlich in heikler Lage. Ich bin in heikler Lage. In ein paar Stunden kann alles vorbei sein. Und was tun wir? Führen Grundsatzdebatten. Ist denn alles so verquer, dass es nur noch verquer enden kann? Es muss doch Ordnung zu schaffen sein. Oder ist die gesamte Welt wahnsinnig geworden?

»Was ist dir passiert?«, fragt Kolumbus.

»Du bist mir passiert.«

»Ich meine: Wer hat dir das angetan?«

»Ein paar von deinen Leuten.«

»Davon weiß ich nichts.«

»Selbstverständlich nicht. Der Admiral und Vizekönig kann unmöglich über alle Lappalien unterrichtet sein. Wie auch? Dein Territorium wächst. Inzwischen werden ganze Inseln entvölkert, ohne dass du davon erfährst.«

»Warst du denn die ganze Zeit … all die Jahre … auf der Insel?«

»Ja. All die Jahre.« Ein Lächeln fliegt über Gabriels Gesicht. »Und wenn es Gott geben würde, würde ich ihn dafür preisen.«

Am anderen Ende der Bucht, vielleicht achthundert Meter vom seltsamen Wiedersehen der alten Freunde entfernt, liegt Francisco de Porras im Unterholz. Er lauert und bibbert. Er weiß genau: Wenn bei diesem Manöver etwas schiefgeht, ist ihm der Weg gewiesen. Entweder massakrieren ihn seine eigenen Leute oder Kolumbus lässt ihn als miesen Verräter hinrichten, gleich an Ort und Stelle oder nach eventueller Abholung in Santo Domingo oder mit einer Riesenshow zu Hause in Sevilla, Toledo oder Barcelona, damit auch die Majestäten und alle Verwandten und Bekannten etwas davon haben. Der ruchlose Verräter und Mörder Francisco de Porras, schön langsam zu Tode gequält. Es schüttelt ihn. Nein, es darf nichts schiefgehen. Der Brudermord muss gelingen. Der Brudermassenmord. Wenn auch nur einer der Brüder im Lager überlebt, wird ihre Geschichte niemals sicher sein. Die Meuterer sind künftig des Kolumbus treue, verdienstvolle, ehrenwerte Mannschaft. Der selbst wird dann allerdings in einem schmucken Grab mit Blick auf die geliebte See ruhen. Das bedauernswerte Ende einer glorreichen Lebensgeschichte.

Es gibt leider keine andere Lösung. Die Sache will's. Er muss es wagen.

Der Tag bricht an. Manuel, Mordlust in den Augen, zischt: »Worauf wartest du?« Zitternd hebt Francisco de Porras den Säbel. Die Sache will's. Er brüllt: »Angriff!«

Kolumbus hört Brüllen und Lärmen. Gerassel, Geklapper, Flüche, dann das Aufeinanderprallen von Schwertern. Er dreht sich von Gabriel weg und sieht, dass Tejo über den Strand auf ihn zurennt. »Sie greifen an!«, brüllt der Junge schon von Weitem. »Schnell, mein Kommandant. Sie greifen an!«

»Wer?«, ruft er dem Jungen entgegen. »Ameyros Leute?«

»Unsere Leute. Porras!«

Es muss augenblicklich eine Entscheidung getroffen werden. Kolumbus sieht Jorge an, der immer noch stoisch die Fackel hochhält. Kann man auf diesen lahmen Esel zählen? Er wartet, bis Tejo ihn erreicht hat, dann greift er den keuchenden Jungen am Arm und zieht ihn zu Gabriel und dem Matrosen hin. »Hört zu«, fordert er eindringlich. »Ich muss mich jetzt auf euch verlassen können.« Tejo, sowieso höchst aufgeregt, ist jetzt vom Anblick des an ein Holzgerüst gebundenen Fremden vollkommen verwirrt. »Hört zu«, sagt der Admiral deshalb noch einmal, »ihr bringt diesen Mann in Sicherheit. Tragt ihn ein Stück in den Wald hinein.« Er packt jetzt auch Jorge am Arm, als wolle er mit den beiden einen Pakt schließen. Abwechselnd sieht er ihnen streng in die Augen. »Passt auf ihn auf. Beschützt ihn. Ich befehle es.« Tejo versteht nichts, aber er nickt. Jorge grummelt irgendetwas wie: »mach ich« oder so. »Beschützt ihn!«, bestimmt Kolumbus noch einmal. »Und später kein Wort zu den anderen. Ich befehle es. Kein Wort!« Er sieht noch einmal kurz zu Gabriel hin. Dann dreht sich Kolumbus um und eilt so schnell wie es seine vielfältigen Beschwerden nur irgend zulassen zur Schlacht hin.

Er hört nur und kann doch alles sehen. Gabriel hört das Geklirre von Schwertern. Er hört das Schnaufen und Fluchen und dann die schrillen Aufschreie. Er sieht vor seinem geistigen Auge, wie da Männer aufeinanderprallen, aufgestachelt, wütend, die Gesichter widerlich verzerrt. Wie sie gegeneinander anrennen, schieben, stoßen, schlagen, sich ineinander verkeilen. Wie sie die Schwerter heben und blindwütig zuschlagen. Irgendwo da vorne muss das Ziel sein. Sie geifern und zetern, sie rollen die Augen. Eine Klinge schneidet tief in ein Bein. Fleisch wird zerfetzt, Blut schießt heraus in Fontänen. Der Kämpfer, eben noch ein wilder Eber, knickt ein und schreit gellend auf. Er weiß noch, er müsste sich jetzt schützen, irgendwie, das Schwert über den Kopf halten, doch überwältigen ihn Schmerz und Schwäche, er sieht zitternd vor sich nur noch eine rote Wand. Sein Gegner, gnadenlos, hebt das Schwert zum tödlichen Streich.

Ja, das ist sie, die Alte Welt, denkt Gabriel. Männer, die bis vor Kurzem noch die besten Freunde waren, die zusammen schafften, tranken und lachten, hacken sich heute Beine und Köpfe ab. Die Alte Welt ist hier, brutal und rücksichtslos. Mit bluttriefendem Schwert bahnt sie sich ihren Weg. Wer sich nicht unterwirft, wird totgeschlagen. Gnade und Barmherzigkeit sind für Schwächlinge. Selbst dieser wundervolle Strand wird augenblicklich zum Schlachtfeld. Und auch dieser großzügige Wald, der eigentlich alles anbietet, was es für ein gutes Leben braucht, wird gierig gerodet werden.

Willkommen zurück, denkt Gabriel, und ein sarkastisches Lächeln fliegt über sein Gesicht. Gut gemacht, Christoph. Dank dir erschließen sich Habgier, Missgunst, Zorn, Neid, Hass und Schäbigkeit ganz neue Territorien.

XII

Ja, er hatte die ganze Zeit auf der Insel gelebt. Die Jahre und Jahrzehnte, die vergangen sind. Offensichtlich vergangen sind. Gabriel hatte davon kaum etwas bemerkt. Zeit war auf der Insel etwas ganz anderes gewesen. Er erinnert sich sehr gut an die Gesichter seiner Freunde, die ihn anlachen. Er erinnert sich an den grünen, reichen Wald, wie er immer war und sie immer freundlich empfing. An das Bauen und Jagen und Fischen und Feiern, an das große Feuer und Tänze in der Nacht, Glück, Vertrauen, Freundschaft, Geborgenheit. Aber Zeit? Die ganze Zeit? Die Frauen spielen vor den Hütten mit ihren Kindern. Dann sind die Kinder Frauen und sie haben wieder Kinder. Jahre? Jahrzehnte? Niemand zählte mit.

Es war gut, bis die Spanier kamen. Hatuey rannte ins Dorf und erzählte von dem riesigen fremden Boot, das vor der Insel erschienen war. Für Gabriel war es, als zerreiße ein Schleier. Als sei das Licht plötzlich greller, als sei der Gesang der Vögel schrill und aufdringlich, der Saft im Becher bitter. Anfangs hatte er noch an Christoph gedacht, ob er es zurück übers Meer geschafft hatte, ob er tatsächlich wiederkommen wolle. Dann nicht mehr. Christoph verschwand, Europa verschwand, sein früheres Leben verschwand. Doch eben, als sie sich zum Essen setzen wollten, kehrte es zurück. Zum ersten Mal seit langer Zeit spürte Gabriel sein Herz wild schlagen. Zum ersten Mal spürte er Angst. Als er sich mit den Männern zum Strand aufmachte, merkte er, dass sein Gang langsam und etwas unsicher war. Dass die Schultern nach vorn fielen und der Rücken etwas gekrümmt war. Es war doch eine lange Zeit gewesen. Und es war gut gewesen.

Die Soldaten standen am Strand im grellen Licht. Sie brüllten und lachten ordinär. Einer pisste in hohem Bogen in den Sand. Eine widerliche Truppe. Irgendetwas in Gabriel hatte immer gewusst, dass sie kommen würden eines Tages. Eines schrecklichen Tages. Jetzt waren sie da, und der paradiesische Frieden war heillos verloren.

Der Kapitän war ein besonders ungehobelter Kerl namens Garcia. Er wunderte sich sehr, als ihn einer dieser Wilden, ein hagerer, brauner Kerl mit Lendenschurz, auf Spanisch ansprach. Selbstverständlich hielten Garcia und seine Männer ihn für einen Deserteur von einer der früheren Expeditionen des Kolumbus. So hörte Gabriel den Namen wieder. Er solle doch bitteschön hier kein Theater veranstalten und so tun, als wisse er nicht, was geschehen sei, herrschte ihn Kapitän Garcia an. Was für ein dämliches Getue das doch sei. Was für eine lächerliche Vorstellung. Affig. Ja doch, der große Admiral Christoph Kolumbus habe den Seeweg nach Indien entdeckt, zum Segen Spaniens, der heiligen Kirche und ihrer katholischen Majestäten. Das wisse der Herr Heide doch ganz genau. Sonst wäre er wohl kaum hier.

Sein Spanisch klang rostig und blechern. Trotzdem mühte sich Gabriel um Diplomatie. Wenigstens diese Insel sollten die Spanier verschonen, bat er inständig. Es gebe doch so viele Inseln, so viel neues Land. Kapitän Garcia lachte auf. Er habe hier wohl viele neue Freunde gefunden. Und Freundinnen. Schön und schnuckelig braun. Er könne das sehr gut verstehen. Er und seine Männer hätten auch große Lust, sich mal wieder auszuleben. Da erscheine ihm diese Insel als geradezu ideal. Die Männer packten den seltsamen Wilden, beugten ihn, schleiften ihn zum Boot und sperrten ihn ein. Seine Freunde hat Gabriel niemals wiedergesehen. Doch hörte er während der drei Tage, die das spanische Schiff noch in der Bucht ankerte, viele Schreie gellen. Der Gestank der Brände drehte ihm den Magen um und ließ ihn würgen.

Als sie ihn am Morgen des vierten Tages der Überfahrt zu einer Insel, die die Spanier Hispaniola nannten, über Bord warfen, war

Gabriel beinahe glücklich. Das klingt verrückt, aber genau so war es. Sehr viel lieber ertrinken, als eine Stunde länger diese Kerle ertragen. Diese Grobheit, Ignoranz, Überheblichkeit. Dauernd fragte ihn dieser widerliche Garcia, ob es auf den Inseln Gold gebe. Gold sei nämlich das, was der Admiral am dringendsten brauche. Gabriel war speiübel. Nein, antwortete er, er habe auf der Insel niemals Gold gesehen und seine Freunde suchten auch nicht danach. Freunde, lachte Garcia auf, Pack sei das wohl passendere Wort. Oder Halbaffen. Dämliche Halbaffen. Was denn mit seinen Freunden geschehe, wollte Gabriel trotzdem wissen. Wahrscheinlich werde man die Bande bald zusammentreiben und nach Hispaniola schaffen. Dort würden Arbeitskräfte dringend gebraucht. Es sei schon viel gebaut worden: viele Häuser, eine ganze Stadt sogar mit einer respektablen Kirche und einem Palast für den Gouverneur, Forts und Festungen, ein großer Hafen mit massiven Mauern, den immer mehr spanische Schiffe mit immer mehr spanischen Siedlern erreichten. Garcia erzählte voller Stolz. Es gehe voran. Auf der ganzen Insel lasse man nach Gold schürfen. Allerdings würden bei all dem allmählich die Arbeitskräfte knapp. Zu viele Unfälle in den Minen und zu große Verluste durch Aufstände. Das Pack werde zuweilen richtig aufsässig. Kolumbus verkaufe auch immer wieder Wilde auf die Sklavenmärkte, um die Kasse aufzufüllen.

»Ist Kolumbus denn auch auf dieser Insel Hispaniola?«

»Natürlich. Er ist unser Kommandant. Er ist der Gouverneur und Vizekönig.«

»Steile Karriere.«

»Du kennst ihn?«

»Sehr gut.«

»Wie gut?«

»Sehr, sehr gut. Von früher.«

»Und was wirst du ihm von uns erzählen?«

»Gewiss nichts Schmeichelhaftes.«

Da packten sie ihn und warfen ihn kurzerhand über Bord. Warum ein Risiko eingehen? Niemand hat bisher diesen Schrat vermisst, niemand wird ihn in Zukunft vermissen. Auch Gabriel war, wie gesagt, anfangs glücklich über die Trennung. Er trat Wasser und sah zu, wie das Schiff mit der verhassten Mannschaft davonsegelte. Gut so. Am Horizont sah er den breiten Rücken einer großen Insel. Er war zu einem exzellenten Schwimmer geworden. Er schwamm auf die Insel zu, zügig, stundenlang, unermüdlich. Schon konnte er erkennen, wie sich einzelne hohe Bäume abzeichneten. Und Felsen, Klippen, schroffes Gestein. Das war das Problem. Ein großes Problem. Er stemmte sich gegen die Strömung, doch sie war zu stark und seine Kräfte waren verbraucht. Die Brecher donnerten und zischten. Er schwamm, er rang nach Luft, er kämpfte, doch vergebens. Er wurde auf die Klippen getrieben. Brodelndes Weiß hob ihn hoch und schleuderte ihn nieder. Er wurde durchgewalkt, war mal tief drunten im Meer und plötzlich hoch oben in der Luft. Er schrie nicht, es wäre sinnlos gewesen. Das Meer schmetterte ihn, als sei es wie eine Katze des Spielens mit dem Mäuslein leid, gegen einen ersten Felsen, dann wie nebenbei gegen einen zweiten und dritten. Alle Knochen brachen ihm. Ein verrenkter, zerschmetterter Leib wurde in einen Tümpel hinter der Klippe gespült, und hätte ihn nicht bald darauf Ameyros Jagdtrupp gefunden, wäre der Unberührbare mit Sicherheit gestorben.

Tejo ist so verwirrt, dass ihm die Bilder vor Augen zu verschwimmen beginnen. Was ist bloß los? Ewig lang passiert nichts, außer dass die Stimmung von Tag zu Tag hoffnungsloser wird, und jetzt überschlagen sich die Ereignisse. Angriffsgebrüll hat ihn hochgejagt. Spanier kämpfen gegen Spanier bis aufs Blut. Porras und seine

Meuterer wollen sie alle, die eigenen Brüder, umbringen. Gieriges, brutales, ehrloses Pack.

Mindestens ebenso wie der Angriff verwirrt den Jungen allerdings sein Auftrag. Der Admiral persönlich hat ihm auferlegt, diesen Mann auf der Trage zu beschützen. Der Schwerkranke auf der Trage scheint Kolumbus sehr wichtig zu sein. Er stellt zwei Männer – okay, einen Mann und den Schiffsjungen – ab, um über ihn zu wachen, dabei bräuchte er in der Schlacht wirklich jede Hand.

Eigentlich passt der Schiffsjunge alleine auf. Nachdem sie den Mann in den Wald getragen und dort bald eine sichere Senke gefunden hatten, hatte sich Jorge ein weiches Plätzchen zurechtgeklopft und gemütlich seine Knochen darauf ausgestreckt. Er habe die ganze Nacht Wache gestanden, erklärte er. Er müsse sich erst mal ausruhen.

Tejo kann es nicht fassen. Er herrscht den Älteren an: »Wie kannst du jetzt schlafen?«

»Warum nicht?«

»Weil sich nicht weit von uns unsere Brüder gegenseitig umbringen.«

»Und? Kann ich was dagegen tun?«

»Nein.«

»Kann ich es ändern?«

»Nein.«

»Also.«

»Aber du willst doch wissen, wie es ausgeht?«

»Erfahre ich früh genug.«

»Kann aber auch sein, dass dir der Verräter Porras im Schlaf die Kehle durchschneidet.«

»Besser ich schlafe, wenn er mir die Kehle durchschneidet. Wenn ich aufwache, bin ich schon tot.«

Was will man da noch sagen? Das Gemüt eines Schafs.

Tejo setzt sich auf einen Baumstumpf und sieht zu dem Mann auf der Trage. Er scheint zu lächeln. Offenbar hat ihn der kleine Disput amüsiert.

Wer ist dieser Mann? Er ist eindeutig kein Indianer, doch die Trage ist indianisch und auch die Decke, die über ihn gebreitet wurde. Er scheint vollkommen gelähmt zu sein. Nur den Kopf scheint er ein Stück heben zu können. Und, wie gesagt, er muss dem Admiral sehr wichtig sein.

»Wie heißt du?«, fragt Tejo.

»Gabriel.«

»Und du bist schon lange hier?«

»Ja, sehr lange.«

»Du bist mit dem Admiral hierhergekommen, oder?«

Gabriel lacht hell auf: »Ja, gewiss!«

»Auf einer seiner frühen Fahrten?«

»Auf einer seiner sehr frühen Fahrten.«

»Und du hast bei den Indianern gelebt, oder?«

»Ja.«

Eine Pause. Tejo hat ein schlechtes Gewissen. Er fragt sich, ob es dem Admiral gefallen würde, dass er diesen Gabriel ausfragt. Wahrscheinlich nicht. Ziemlich sicher nicht. Er hat Jorge und ihm strengstens aufgetragen, keinem im Lager von dem rätselhaften Fremden zu erzählen. Da ist irgendein dunkles Geheimnis. Trotzdem. Sie sind jetzt hier, Tejo und Gabriel. Die Sonne ist aufgegangen und sie warten darauf, was das Schicksal an diesem Tag mit ihnen vorhat. Sie warten gemeinsam. Vom Strand her ist noch immer Kampflärm zu hören. Und Tejo hat noch ein paar dringliche Fragen.

»Sind die Indianer nett?«

Wieder lacht der Mann auf der Trage auf.

»Warum lachst du?«

»Entschuldige. Aber deine Frage ist so … so schlicht.«

»Ist das schlimm?«

»Nein, das ist gut.«

»Also? Sind sie nett?«

»Ja, sehr nett.«

»Wie nett?«

»Anders als die Menschen in Spanien. Ohne die vielen Hintergedanken. Ohne dauerndes schlechtes Gewissen. Ohne ständige Schuld.«

»Das dachte ich mir schon«, sagt Tejo munter.

»Du bist ein guter Junge.«

»Viele sagen, ich mache mir zu viele Gedanken. Über die Indianer und über Gerechtigkeit und so.«

»Wie ist dein Name?«

»Tejo.«

»Mach dir weiter deine Gedanken, Tejo. Sie sind richtig.«

Jorge schnarcht, dass die Palme hinter ihm zu vibrieren beginnt. Wahrscheinlich glauben Ameyro und seine Männer, das sei ein wütender Erdgeist, denkt Tejo und lächelt. Auch gut. Dann machen sie angstvoll einen großen Bogen um die Senke und lassen uns in Ruhe.

»Wenn jetzt das Schiff kommt, um uns abzuholen«, fragt der Junge, »kommst du dann mit uns nach Spanien?«

»Nein.«

»Sicher nicht?«

»Ganz sicher nicht.«

»Hat dir Spanien denn nie gefehlt?«

»Meine Freunde sind hier.«

»Aber wir sollten nicht hier sein, oder?«

»Nein, ihr solltet nicht hier sein.«

»Und Jesus Christus auch nicht?«

»Nein, den braucht hier auch niemand.«

Wieder eine Pause. Tejo wartet auf die Wut, die kommen muss auf dieses eiskalte Wort, dass es irgendwo auf dieser Welt Jesus Christus nicht braucht. Er wartet, doch die Wut will nicht kommen. Wahrscheinlich, weil ich das die ganze Zeit schon geahnt habe, denkt er. Der Admiral hat einen Fehler gemacht. Wir sind Eindringlinge. Wir kommen nicht, um zu geben, sondern um zu rauben, was uns unter die Finger kommt. So ist das. So schlicht ist das. Wir sind gemeine Räuber. Wir haben kein Recht, hier zu sein. Und mit uns ist Jesus Christus ganz gewiss nicht, niemals. Niemals ist er mit Räubern und Mördern. Die Wahrheit ist: Er schämt sich für uns. Wir widern ihn an.

Als ahnte er diese Gedanken, sagt Gabriel leise: »Schau, dass du wieder nach Hause kommst, lieber Junge. Dies ist kein Ort mehr für dich. Hier werden lange, sehr lange die Schlächter herrschen.«

XIII

Irgendwann, eigentlich schon bald, ist es bloß noch ein blindwütiges Umsichschlagen. Francisco de Porras rennt, rammt, brüllt und haut wild drauf. Er rollt die Augen, Geifer trieft aus den Mundwinkeln. Furchterregend. Er treibt das je länger je wilder, weil er erkennt, dass die Sache im Grunde gelaufen ist und er keinen Ausweg weiß. Kolumbus' Männer wehren sich viel besser, als die Meuterer gedacht hatten. In dieser Schlacht ist bestenfalls noch ein Unentschieden drin, doch ein Unentschieden ist für die Angreifer nichts anderes als die komplette Niederlage. Als Halbsieger können sie sich in den Wald zurückziehen und sich dort von Caracoyas Männern massakrieren lassen.

Eben rammt er seine Waffe in einen Gegner, bringt ihn ins Straucheln, hält sich nicht länger mit ihm auf. Bloß weiter, wohin auch immer. Vor Francisco de Porras taucht wieder der Schatten einer Gestalt auf. Er brüllt, spannt die Muskeln, hebt das Schwert bis über den Kopf – und hält inne. Da steht er vor ihm, der Admiral des Ozeanischen Meeres. Der Entdecker der Neuen Welt. Aber Christoph Kolumbus ist in seiner letzten Schlacht erkennbar kein Held mehr. Ein schiefer, kranker Mann, zu schwach, um das Schwert zu führen. Ich kann ihn mit einem Streich niederstrecken, denkt Francisco de Porras. Ich muss ihn mit einem Streich niederstrecken. Ich muss ihn jetzt töten. Den großen Seefahrer. Den Helden meiner Jugend. Er hebt das Schwert noch ein Stück höher. Ich muss ihn jetzt töten.

Doch Francisco de Porras tut etwas ganz anderes. Er senkt das Schwert und lässt sich in den Sand fallen. Er kniet vor Kolumbus, beugt das Haupt und bittet: »Gnade.«

Obwohl dies nur eine Szene von vielen ist während der Schlacht am Strand, hat sie doch ihre zwingende Wirkung. Wie auf einen stummen Befehl hin halten alle im Raufen und Schlagen inne und schauen erstaunt auf den Anführer der Meuterer, der vor Kolumbus kniet. In der gleichen Sekunde fast brüllt einer: »Ein Schiff! Ein Schiff!«

Tatsächlich sehen sie alle, Meuterer wie Verteidiger, dass ein großes Schiff in die Bucht einläuft.

Kolumbus schaut hinab auf den knienden Porras und sagt lässig: »Das war gerade noch zur rechten Zeit, mein Guter.«

Die Jubel- und Versöhnungsfeierlichkeiten dauern den ganzen Tag. Männer, die sich im Morgengrauen noch die Schädel spalten wollten, liegen sich bei Sonnenuntergang in den Armen, sturzbetrunken, denn das geräumige Schiff, das von Hispaniola gekommen ist, um alle abzuholen, hat reichlich Wein und Schnaps mitgebracht. So eine Rettung muss zünftig begossen werden.

Der Admiral wird gelobt und gehätschelt. Selbstverständlich haben alle immer gewusst, dass die Sache gut ausgehen wird, keiner wankte, oder wenn, dann bloß ganz kurz. Menschlich so was. Manchmal nämlich, und auch daran darf ruhig erinnert werden, war die Lage ganz schön kitzelig, und da habe Kolumbus schon Rückgrat bewiesen und Nervenstärke. Okay, gelegentlich hätte er die Zügel straffer halten müssen, vor allem bei den Eigenmächtigkeiten des variablen Erkundungskommandos, wie der Meutderertrupp jetzt offiziell genannt wird. Andererseits dürfe man nicht zu viel verlangen, nichts Übermenschliches. Er sei ein alter Mann, krank zudem, und er habe wie jeder Gemeine auch unter Hunger und Branntweindurst gelitten. Alles in allem: stramme Leistung. Unser Admiral halt.

Allerdings umkreist Francisco de Porras den ganzen Festtag lang Kolumbus wie eine Katze den heißen Brei. Er kann nicht glauben, dass es das war. Dass er mit der Nummer tatsächlich davonkommen wird. Kann das sein? Vor ein paar Stündchen erst hatte er versucht, den Admiral und Vizekönig und alle seine Mannen zu erschlagen. Spanisches Blut war geflossen. Und jetzt Friede, Freude, Schnaps und Eierkuchen. Kann Kolumbus das wirklich alles verzeihen? Porras' Männer, die Meuterer beziehungsweise Angehörigen des variablen Erkundungskommandos, schauen auch immer wieder scheu zu ihm hinüber. Auch sie können an so große Gnade zunächst nicht glauben. Dann aber, Schwamm drüber, verlieren sie sich zunehmend in den Saufereien, und am Ende des Tages ist ihnen allen, als sei eigentlich nicht viel passiert.

Als die Sonne sinkt, kann Kolumbus sich endlich davonschleichen. Seit Stunden will er dringend weg von der Feier. Doch das geht nicht. Er ist die Hauptperson. Ihm wird zugeprostet. Ihn lassen sie hochleben. Haben wir es also doch geschafft. Es war nicht immer einfach, es brauchte eiserne Nerven, aber wir haben bestanden. Bravo Kolumbus. Bravo uns. Darauf noch einen Schluck. Kolumbus selbst erscheint die Rettung eher als Nebensächlichkeit. Was ihn tatsächlich erschüttert hat, ist das Wiedersehen mit Gabriel. Dagegen ist alles andere – es mag seltsam klingen nach einem Jahr Gefahr, Not, Hunger, mörderischer Langeweile, Ungewissheit und unendlich vielen Motivationsgesprächen –, ja, es ist nebensächlich. Die Begegnung hat ihn zurückgeführt an die entscheidende Weggabelung seines Lebens.

Ja, er, Christoph Kolumbus, hielt das Schicksal der Menschheit in Händen.

Hätte er anderswohin abbiegen können? Was, wenn er mit Gabriel auf der paradiesischen Insel geblieben wäre? Wie sähe die Welt aus, jetzt und in Zukunft?

Er stand am Rad der Geschichte. Er hat daran gedreht. Er hätte es auch lassen können.

Immer wieder blasen Kerle, die sich jetzt und bis an ihr Lebensende die Getreuen nennen dürfen, Kolumbus ihre Alkoholfahnen ins Gesicht und fordern, dass er diesem Porras, dem Verräter, das nicht durchgehen lassen dürfe. Der sei ein Meuterer und ein Mörder. Drei der Gefährten hätten bei der Schlacht ihr Leben verloren, das dürfe der Admiral keinesfalls vergessen. De Porras sei ein Fall für den Henker, für den blutigen Unterricht. Kolumbus dreht den Kopf weg, um dem säuerlichen Schnapsgestank zu entgehen, und schubst die schmutzigen, besoffenen Kerle fort. Er will sich jetzt nicht mit diesem Thema befassen. Er hat Wichtigeres zu tun.

Er geht alleine über den breiten Strand, immer weiter weg von den lärmend Feiernden und hinter dem einsam stehenden Baum in den Wald hinein. Er findet sie nicht weit entfernt in der Senke. Jorge liegt breit ausgestreckt da, schnarchend. Kolumbus vermutet, dass er sich während des Tages mehrfach weggeschlichen und bei der Feier mit Schnaps für den schweren Wachdienst verproviantiert hat. Der treue Tejo hockt auf einem Baumstamm und schnitzt an einem Holzstück herum. Als er den Admiral kommen sieht, hebt er den Zeigefinger vor die Lippe und zeigt dann auf die Erde. Dort liegt die Trage im Gras. Gabriel schläft.

Kolumbus tritt leise heran und legt die Hand auf die Schulter des Schiffsjungen. »Lass mich eine Weile bei ihm wachen«, flüstert er. »Alleine.« Der Junge wirft sein Schnitzstück in den Wald, steht auf und rüttelt einigermaßen geräuscharm Jorge wach. Zuerst schaut der ziemlich blöde und betrunken und fragt: »Was?«, lässt sich dann aber bereitwillig von Tejo wegführen. Schließlich geht es Richtung Strand und Party, endlich. Genug gewacht. Auch Jorge ist ein Getreuer, auch er hat einiges zu begießen.

Es ist jetzt fast dunkel im Wald und nur von fern ist das große Jubel- und Versöhnungsfest zu hören. Lahm, steif und unter erheblichem Reißen in den Gelenken lässt sich Kolumbus auf der Erde neben Gabriel nieder. Er studiert, was er noch vom Gesicht des Freundes sehen kann. Er sieht ein Leben in großer Qual. Erbarmungslos festgeschnürt. Zu keiner Bewegung mehr fähig. Eingekerkert. Wehrlos. Hilflos. Übel hat ihm das Schicksal mitgespielt.

Oder war ich das? Habe ich dir das angetan?

Was du wohl auf der Insel erlebt hast, mein Freund. Wie ganz anders doch dein Leben war. Ich bin der Entdecker dieser Welt. Aber du, mein Freund, hast sie wirklich kennen gelernt.

Ein Lächeln huscht über Gabriels Gesicht. Schön. Schlaf weiter, denkt Kolumbus. So hast du wenigstens angenehme Träume. Schlaf weiter. Fast hätte er, wenn es nicht doch zu sentimental wäre, dem Freund beruhigend über die Stirn gestreichelt.

»Christoph.«

»Du bist wach?«

»Ich kann dich nicht sehen, Christoph. Bist du hier?«

»Ich bin hier, Gabriel.«

»Ich habe eben von dir geträumt. Von dem Morgen, als wir die erste Insel fanden. Wie sie vor uns lag, so prachtvoll und so unschuldig. Erinnerst du dich?«

»Ja, natürlich.«

»Das war schön.«

»Ja, mein Freund, das war schön.«

»Kannst du dich an Pique erinnern?«

»Natürlich.«

»Was wohl aus ihm geworden ist?«

»Du weißt ja: Mit jeder Stufe seines Lebens geht es ihm besser. Sicher ist er mittlerweile der Inselkönig.«

Gabriel lacht auf und es klingt ein bisschen wie damals, als er siebzehn war. »Inselkönig«, lacht er. »Das ist gut.«

Vom Lager her weht ein Seemannslied heran. Die Männer singen laut, grölen fast, alle betrunken.

»Deine Leute feiern ausgelassen, Christoph.«

»Sie freuen sich, endlich von der Insel wegzukommen.«

»Und freust du dich auch?«

»Natürlich.«

Gabriel versucht, den Kopf weiter nach oben zu drehen. »Ich kann dich nicht sehen«, klagt er. »Komm ein bisschen näher heran.« Kolumbus rutscht auf dem Hosenboden an der rechten Seite der Trage entlang. So ist es günstiger. Gabriel sieht ihn mit müden Augen an. Er sagt: »Fahr bitte nicht fort, Christoph!«

»Wie meinst du das?«

»Bleib hier.«

»Aber das ist unmöglich!« Kolumbus lacht auf, als hätte man ihm vorgeschlagen, zur nächsten Audienz bei Ihren Majestäten in Frauenkleidern zu erscheinen. »Vollkommen unmöglich.«

»Nur hier hast du eine Zukunft. Verborgen im Dschungel. Weit weg von allem. Gutes Wasser, bekömmliche Nahrung, Mitmenschen ohne Hinterlist. Hier kannst du gesunden.«

»Du redest irre. Ich habe ein volles Jahr verloren. Ich muss so schnell wie möglich zurück!«

»Sie haben dich im Schraubstock, Christoph. Da kommst du nicht mehr raus. Was immer du tust, es wird zu wenig sein.«

»Das ist irre!«

»Du bist müde. Du bist krank. Was immer du tust, es wird zu wenig sein. Bedenke das. Du darfst nicht mehr zurück. Es wäre dein Ende.«

Kolumbus klopft sich auf die Schenkel, als könne man dummes Geschwätz wie Staub abschütteln. »Blödsinn«, schimpft er. »Ich muss sofort zurück. Ich muss dringend mit den Majestäten reden.«

»Sie werden mehr Gold wollen.«

»Dann muss ich mich eben mehr anstrengen. Auf dem Festland gibt es Gold. Viel Gold. Wir müssen eine neue Expedition ausrüsten, um …«

»Es wird niemals genug sein, Christoph.«

»Aber es ist meine Entdeckung! Es ist mein Land!«

»Dieses Land hat schon Besitzer, Christoph.«

»Du regst mich auf!«, grummelt Kolumbus. »Ich würde mich so gerne über unser Wiedersehen freuen. Aber du regst mich so auf. Wie du da liegst und glaubst, mir Vorhaltungen und Vorschriften machen zu dürfen.«

»Glaub mir: Ich würde auch lieber stehen und dir Vorhaltungen machen.«

»So habe ich das nicht gemeint«, sagt Kolumbus leiser. »Entschuldige.«

»Verstehe doch: Ich bin nur eines deiner Opfer. Eines von Hunderttausenden. Jeden Tag werden es mehr. Jede Stunde.«

»Meine Opfer?«

»Deine Opfer, Christoph.«

»Blödsinn.«

»Deine Opfer.«

»Mein lieber Gabriel, lass dir gesagt sein: Ich kenne all diese Vorhaltungen und Vorwürfe zur Genüge. In Spanien plärrt sie mir jeder Priester ins Gesicht.«

»Aber es ist etwas anderes, wenn diese Vorwürfe von mir kommen.«

»Ach ja«, schnauzt Kolumbus. »Und warum das, mein Herr?«

»Weil ich diese Welt mitentdeckt habe.«

»Mag ja sein.« Kolumbus wird ungehalten, er rutscht mit dem Hintern auf dem Waldboden hin und her. Das ist eigentlich keine Position, die einem großen Entdecker ziemt. »Und dann hast du dich schön rausgeschlichen aus der Geschichte. Ich dagegen habe die Verantwortung angenommen und getragen.«

»Ich war halt nicht so gierig wie du.«

»Und du hast dich in die Hängematte gelegt, du Weichling.«

»Und du verbreitest Lügen.«

Das wird ja immer schöner. Kolumbus sieht seinen körperlich hilflosen, aber offenbar höchst streitbaren Freund böse an. »So?«, zischt er, »welche denn?«

»Du weißt genau, dass das hier nicht Indien ist.«

»Natürlich weiß ich das. Ich bin ja nicht blöd. Das, mein lieber Gabriel, ist eine völlig neue Welt. Die unbekannte Hälfte der Erde.«

»Und du weißt, dass du den Großkhan niemals treffen wirst.«

»Natürlich nicht.«

»Trotzdem erzählst du weiterhin dieses Indien-Märchen.«

»Das ist das Geschäft.« Unwillig schüttelt Kolumbus den Kopf. »Davon versteht einer wie du nichts.«

»Dann erkläre es mir.«

»All meine Abmachungen und Verträge mit den Majestäten belaufen sich auf Indien. Wenn ich erklären würde, dies sei nicht Indien, sondern etwas völlig Neues, Unbekanntes, wären all diese Verträge hinfällig. Das ist Politik. Es ist ... kompliziert.«

»Du belügst also des Geldes wegen deine Majestäten, deine Männer, dein Land, die Kirche und die gesamte Christenheit. Und die armen Menschen hier nennst du Indianer.«

»Ich sage aus wohlüberlegten und durchaus nachvollziehbaren strategischen Gründen nicht die vollumfängliche Wahrheit.«

»So viel also zu deinem Dienst an der Menschheit, mein lieber Christoph.«

»Du selbstgerechter Idiot! Ich sage doch: Es ist kompliziert. Äußerst kompliziert. Ich habe viele Neider. Sie zücken ihre Messer, sobald ich ihnen den Rücken zudrehe. Ich muss bestehen. Ich muss mich wehren.«

»Du kommst aus dieser Sache nicht mehr raus, Christoph.«

Eine Gefechtspause. Die beiden starren in die Nacht.

»Bleib hier.«

»Das ist unmöglich. Absolut unmöglich.«

Das Gegröle, das vom Strand kommt und den Wald weckt, wird lauter und wilder. Das Freudenfest der geretteten Seemänner erreicht offenbar seinen Höhepunkt.

»Wie es aussieht, schuldest du mir etwas, Christoph.«

»So? Was denn?«

»Du musst mich töten.«

Kolumbus fährt hoch. »Bist du wahnsinnig?«, ruft er.

»Den schnellen, schmerzlosen Tod. Du wirst ihn mir gewähren.«

»Niemals!«

»Was willst du sonst tun?«

»Ich bringe dich nach Spanien.«

»Da will ich keinesfalls hin.«

»Dann eben nach Portugal.«

»Dort will ich auch nicht hin.«

»Du wirst dich wohl kaum dagegen wehren können!«

Es ist im Wald zu dunkel, um irgendetwas erkennen zu können. Aber Kolumbus spürt, dass Gabriel ihn mit bitteren Augen anstarrt. »Das würdest du mir antun?«, fragt Gabriel leise. »Würdest du mich wie ein waidwundes, wehrloses Vieh auf dein Schiff packen, obwohl ich heule und schreie und bis zu meinem letzten Atem protestiere? Mich einlagern und übers Meer verfrachten wie eine Trophäe deiner Macht. Das würdest du mir antun?«

Der Angesprochene schweigt.

»Sag endlich: Würdest du mir das antun? Deinem Freund?«

»Natürlich nicht.«

»Gut«, sagt Gabriel. Und dann, etwas gelöster: »Außerdem, was würdest du denn in Spanien erzählen, wer ich bin und wo ich die ganze Zeit gewesen bin? Das wäre heikel für dich, mein lieber Entdecker.«

»Da würde mir schon was einfallen. Mir ist noch immer was eingefallen.«

»Das wiederum glaube ich sofort. Das große Theater mit der Mondfinsternis war jedenfalls beeindruckend.«

»Nicht wahr?« Kolumbus grinst frech wie ein Bub.

»Ja, wirklich. Der arme Ameyro.«

Sind sie noch Freunde? Im Moment wohl eher zwei Verirrte in einem großen, dunklen Wald. Christoph Kolumbus beginnt, Gabriels Arm zu streicheln.

»Du musst mich töten, Christoph. Du hast dieses Leben verschuldet. Du musst es auch beenden.«

Sie schweigen.

»Kannst du dich noch an die Insel erinnern? Die unschuldige Insel im Morgenlicht?«

»Ja.«

»Sie war wunderschön.«

»Ja, wunderschön.«

Faulig sind sie, zerfressen, zerlöchert, morsch, hässlich. Aber die Wände der beiden Wracks stehen noch, sie ragen aus dem schmutzigen Sand wie ein Erinnerungsmal. Es war leider nicht bloß ein Traum, denkt Ameyro, als er um die Wrackruinen streift. Es ist wahr, sie waren hier. Und sie werden wiederkommen.

Der Anblick der ehemaligen Lagerstätte ist für jeden gesitteten Indio schlicht ekelerregend. Überall Schmutz und Müll, halb gekaute und wieder ausgespiene Speisen, Lachen von Erbrochenem. Es riecht säuerlich. Sie haben hier gehaust wie die Wildsäue. Die ganze Nacht haben sie gesoffen, gegrölt, gekotzt. Den Häuptling schüttelt es.

Nach Sonnenaufgang dann haben sie alles, was sie offenbar noch brauchen können, aus den Wracks und den Unterständen geholt und es auf das neue Boot verladen. Das dauerte lange, die Weißhäutigen waren eher Grünhäutige und wankten eher, als dass sie noch laufen konnten. Ursache ihres Zustandes waren wohl die Getränke, die sie die ganze Nacht in sich hineingeschüttet hatten. Gesundheitlich tat ihnen der Trank ganz offensichtlich nicht gut, trotzdem konnten sie seltsamerweise nicht genug davon bekommen. Ameyro hatte seinen Späher beauftragt, sorgfältig darauf zu achten, ob auch die Trage mit dem Unberührbaren auf das neue Boot gebracht werde. Der Späher kam zurück und sagte lässig, es habe ein solches Kuddelmuddel geherrscht, da habe er den Überblick verloren. Möglich, dass der Unberührbare auf das große Boot geschafft worden sei. Möglich aber auch, dass nicht. Er könne es nicht sagen. Ameyro hatte den Späher scharf angesehen. Aber über so viel Unzuverlässigkeit geschimpft hatte er nicht.

Aus gutem Grund. Er darf sich keine neuen Feinde machen. Seine Lage ist heikel. Er ist kein großer Kazike mehr. Er ist ein gerade noch geduldeter Kazike. Seine Leute betrachten ihn mit größtem Argwohn, geradezu spürbar ist das, unheimlich. Sie sind der Meinung, dass er alles falsch gemacht hat. Dass der Unberührbare ein falscher Einflüsterer war, eine Schlange, und dass Ameyro die Eindringlinge hätte töten sollen, bevor sie sich festsetzen und damit beginnen konnten, die Männer zu erschlagen und die Frauen zu vergewaltigen. Ameyro hatte stets und mit großem Ernst darauf hingewiesen, die brutalen Mörder und Vergewaltiger in den Wäldern seien Abtrünnige. Die Truppe des verfilzten Anführers sei jedoch anständiger und gesitteter. Alles Blödsinn. Am Ende feierten und grölten sie dann doch alle wieder gemeinsam und friedlich vereint bestiegen sie das große Boot. Kinder, Frauen, Männer niederzumetzeln, scheint bei Weißhäuten kein Grund für eine längere Verstimmung zu sein.

Obwohl die Sonne schon hoch steht, fröstelt es Ameyro, als er durch die Ruine am Strand streift. Er weiß: Das war erst der Anfang. Sie kommen wieder.

Es sieht ganz danach aus, als sei seine Politik schlecht gewesen. Zu verästelt. Zu verkopft. Er hätte dem ersten Impuls nachgeben sollen. Er hätte die Eindringlinge abschlachten, ihre Köpfe und Gliedmaßen abhacken und auf Stangen stecken sollen, als unmissverständliche Botschaft an die nächste Bootsladung. Seine Kritiker hatten alle Recht. Er hätte niemals auf den Unberührbaren hören dürfen. Er hätte sie töten müssen. Das wäre die Aufgabe des großen Kaziken gewesen.

Das Sagen auf der Insel hat jetzt natürlich Caracoya. Das Volk verehrt ihn, weil er den Mut hatte, wenigstens einige der Mörder zu massakrieren, während sich Ameyro von irgendeinem Mond-Hokuspokus in den Staub drücken ließ. Darum kann er jetzt nicht mal mehr einen schludrigen Späher schelten. Darum erlaubt sich der Späher überhaupt, schludrig zu sein. Ameyro ist machtlos. Ein Anführer auf Abruf. Wenn ich Glück habe, denkt er, während er über eine Lache Erbrochenes steigt, werden sie mich nur in die Wälder jagen. Ihr Zorn ist groß. Auch sie haben sich in dieser schrecklichen Geschichte sehr verändert. Und das war erst der Anfang.

Ameyro schaut hinaus auf das Meer, und das macht ihn noch trauriger. Er weiß, dass er dieses wunderschöne Meer niemals wieder wird so ansehen können, wie er es bisher sah. Er wird immer, wenn er hinausschaut, auch schauen, ob sich am Horizont ein großes Boot zeigt. Es wird für immer ein furchtsamer Blick sein.

Auch das geht: Entdecken ohne Risiken und Gefahren. So geregelt ist das sogar vergnüglich. Malerisch und durchaus imposant steht Amerigo Vespucci am Bug und schaut übers zum Glück gar nicht wilde Meer. Da vor ihm schon wieder eine Insel. Keine Riffs, ein angenehm feinkörniger Strand, ganz wenig Brandung. Wunderbar. Gleich wird er diese Insel in Besitz nehmen.

Gouverneur Ovando hat ihm diese mehrtägige Entdeckungstour spendiert, sozusagen als Belohnung für seine Solidarität und Verschwiegenheit. Methode Zuckerbrot und Peitsche. Der Luxus-Entdeckungsreisende fährt auf einem extragroßen, modernen, garantiert holzwurmfreien Schiff mit geräumiger, lichter Kabine zur persönlichen Verfügung. Der scheue Diener aus dem Gouverneurspalast begleitet ihn, um für seinen persönlichen Komfort zu sorgen. Stürme sind zu dieser Jahreszeit keine zu erwarten. Kannibalen oder derbe Ureinwohner hat man in diesem Teil der Neuen Welt noch nicht angetroffen. Hier ist alles ausgesprochen friedlich und kooperativ, sanft wiegt der Wind die Palmen. Um alle Unannehmlichkeiten aber definitiv auszuschließen, hat der Gouverneur seinem Entdeckerle noch eine respektable Schildwache beigegeben. Die sorgt erst einmal für maximale Sicherheit, ehe Amerigo Vespucci seinen Entdeckerfuß auf Neuland setzt.

So laufen die Entdeckungen ab: Vormittags anfahren des Neulandes bei Sonnenschein und sanftem Wellengang. Die Soldaten lassen sich an Land rudern, inspizieren Strand und Wald und organisieren, wo immer möglich, noch ein paar Eingeborene, die am Ufer zu stehen und den Entdecker mit dankbaren Blicken und kleinen Geschenken willkommen zu heißen haben. Am Nachmittag lässt sich Held Vespucci nebst Notar und Schreiber mit dem großen Ruderboot zum Strand übersetzen. Zur Sicherheit trägt er unter seinem Rock eine Weste aus Kork, falls er durch ein Missgeschick über Bord gehen sollte. Die letzten Meter trägt ihn die Bootsbesatzung durch die Brandung, denn unter widrigen Umständen können trotz Hitze auch nasse Füße zu unangenehmen Erkältungen führen. Begrüßung durch die hocherfreuten Entdeckten. Salbungsvolle Worte des Entdeckers. Dann spricht er in Anwesenheit des Notars die Inbesitznahmeformel, die Eingeborenen klatschen. Abends kleine würdevolle Feier des mutigen Entdeckers am Strand mit Grillen und Freiwein. Wenn möglich, bringen die Eingeborenen noch einige ihrer ursprünglichen Tänze zur Aufführung.

Amerigo Vespucci ist während der Entdeckungstour fast durchgehend glücklich. Es geht doch. Er hat es jetzt mit Brief und Siegel, notariell beglaubigt, dass er ein echter Entdecker ist. Danke, Freund Ovando, lieben Dank! Niemand in Europa kann das mehr anzweifeln. Amerigo Vespucci, Entdecker der Neuen Welt. Oder zumindest: Entdecker in der Neuen Welt.

Und Kolumbus? Da braucht er sich keine Sorgen mehr zu machen. Vespucci weiß das mit Sicherheit, seit er ihn, vom Balkon des Gouverneurspalasts aus, beobachtet hat, wie er nach der Rettung von Chaymaka über den Hof schlurfte, klein, krank, gebrochen, verstaubt. Unbedeutend und verloren. Er, Amerigo Vespucci, muss nicht länger auf Kolumbus' Tod hoffen. Kolumbus ist so gut wie tot. Selbst die Hunde wichen vor ihm zurück. Gouverneur Ovando wies ihm, fast schon gemein ist das, eine nur notdürftig gereinigte Gesindekammer zu, mehr Platz sei leider momentan im Palast nicht zu schaffen. Kolumbus nahm es hin, müde, traurig, mit einem elenden Lächeln. Der Kadaver eines großen Entdeckers.

Er brauchte ihn nicht einmal zu treffen, nicht zu sprechen. Der Blick vom Balkon genügte. Kolumbus' Zeit ist abgelaufen. Selbst schuld. Er war mutig, das zweifellos. Aber er hat so vieles falsch eingeschätzt. Entdecken ist eben das eine. Sich etwas zunutze machen das andere.

Während das luxuriöse Schiff von Insel zu Insel, von Entdeckung zu Entdeckung, von Ruhmestat zu Ruhmestat gleitet, schreibt Amerigo Vespucci in seiner komfortablen Kabine seine Erlebnisse, Abenteuer und Erkenntnisse nieder. Sozusagen den Frontbericht des Entdeckers. Lebhaft, süffig, spannend, mit vielen interessanten Details. Eben hat er einem talentierten, aber auch etwas naiven Kartografen namens Martin Waldseemüller zwischen den Zeilen, aber hoffentlich unmissverständlich, die Empfehlung mitgegeben, man könne den neuen Erdteil, um den es sich hier zweifelsohne handle, doch der Einfachheit halber America nennen. Das harmoniere bestens mit Afrika, Asia und auch mit Europa. Wenn es bei der Planung bleibt, wird dieser Brief an Waldseemüller mit demselben Schiff nach Europa reisen wie der alte, aussortierte Kolumbus. So brutal kann das Leben sein.

Amerigo Vespucci grinst und denkt: Weltgeschichte zu machen bedeutet oft bloß, zur rechten Zeit ein bisschen dreist zu sein.

EIN LETZTER BLICK AUF DIE HAUPTPERSONEN

Christoph Kolumbus: Entdecker mit Karriereknick. Am 12. Oktober des Jahres 1492, einem der großen Daten der Weltgeschichte, wird er zum Superstar, als er seinen Entdeckerfuß auf die Insel Guanahani setzt. Er hat somit die Bahamas erreicht, glaubt sich aber nahe des sagenhaften chinesischen Reichs, wie der große Reisende Marco Polo es beschrieben hat. Gemeinhin gilt Kolumbus als Entdecker Amerikas, was griffig formuliert, aber falsch ist, weil Amerika bereits entdeckt und bewohnt war und außerdem Jahrhunderte zuvor Wikinger den äußersten Norden des Kontinents erreicht hatten. Korrekt ist wohl, dass der wagemutige Seefahrer eher zufällig den amerikanischen Kontinent für Europa wiederentdeckt hat. Wie auch immer: Seine Tat ändert den Lauf der Geschichte. Kolumbus' Ruhm jedoch löst sich im giftigen Problemetümpel der Neuen Welt auf. Als Gouverneur von Hispaniola versagt er. Die vollmundig versprochenen riesigen Goldschätze kann er nicht herbeischaffen – das tun dann, in seiner Spur, die skrupellosen spanischen Konquistadoren. Am spanischen Hof gilt er als undankbarer Emporkömmling und lästiger Dauernörgler. Als er am 20. Mai 1506 in Valladolid stirbt, fällt das kaum jemandem auf. Heutzutage werden Kolumbus-Denkmäler beschmiert und gestürzt, weil er als der Urvater von Unterdrückung, Ausbeutung, Sklaverei und vielfachem Mord auf dem amerikanischen Kontinent gilt.

Amerigo Vespucci: Zugegeben, in dieser Geschichte tritt er schon sehr intrigant auf. Als ein feiger Ruhmesdieb. In der Tat finden es viele bis heute ungerecht, dass Amerika nach ihm benannt ist und nicht Kolumbia, Columbia oder Kolumbien heißt. Vespucci – im Jahr 1454 in Florenz geboren, 1512 in Sevilla gestorben – hat durchaus seine Verdienste beim Erkunden der Neuen Welt. So hat er die Bucht von Rio de Janeiro entdeckt. Vor allem aber hat er schnell entdeckt, dass dieser Kolumbus nicht den Seeweg nach Indien gefunden hat, sondern einen neuen Erdteil. Die Neue Welt. Trotzdem mag man diesen Vespucci als zwielichtig bezeichnen. Er war eben beides, Buchhalter und Sensationsschriftsteller. Als Seefahrer ein Spätberufener. Vier Reisen in die Neue Welt will er gewagt haben. Gut möglich, dass es bloß zwei Reisen und die restlichen Abenteuer erfunden waren. Für diese Kolumbus-Geschichte ist Amerigo Vespucci das, was Antonio Salieri in Peter Shaffers Theaterstück »Amadeus« für Mozart war.

Nicolás de Ovando: Aus einem wilden Haufen Kolonisten fernab der Heimat eine halbwegs funktionierende Kolonie zu formen, ist eine gewaltige Aufgabe. Wer sie erfüllen will, darf kein Zauderer sein. Es braucht klare Regeln und die harte Hand. Die hatte der spanische Edelmann Nicolás de Ovando (1451–1511), Gouverneur der spanischen Kolonien in Westindien in den entscheidenden Jahren 1502 bis 1509.Verwaltungstechnisch hat Ovando auf Hispaniola einiges auf den Weg gebracht; seine Gönnerin, Königin Isabella I., wird die ordnende Kraft ihres strengen Statthalters zu schätzen gewusst haben. Gegen die Ureinwohner ging Ovando skrupellos und äußerst brutal vor. Christoph Kolumbus war für Ovando wohl das Feindbild schlechthin: Ein Entdecker, den seine Entdeckungen völlig überfordern. Als Kolumbus auf der Nachbarinsel Jamaika festsaß, ließ ihn Ovando monatelang schmoren. Ironie der Geschichte: Ovandos Nachfolger auf Hispaniola wurde Diego Kolumbus, der Sohn des Entdeckers.

Der Unberührbare: Natürlich ist Gabriel eine Erfindung. Aber er kommt nicht aus dem Nichts. Tatsächlich kursierte einige Jahrzehnte nach Kolumbus' Tod in Spanien das üble Gerücht, er habe während seiner Zeit auf Madeira oder Porto Santo einen geheimnisvollen Fremden beherbergt und dabei gründlich ausgefragt. Dieser geheimnisvolle Fremde – die Legende gab ihm sogar einen Namen: Alfonso Sánchez de Carvajal – soll der einzige Überlebende einer spanischen Karavelle gewesen sein, die von einem wochenlangen Sturm abgetrieben worden sei bis zu den »indischen Inseln«. Der vollkommen entkräftete Seemann, »der Lotse«, soll in des Kolumbus Obhut gestorben sein. Hinterlassen hat er, so das Gerücht, eine Seekarte, die dem Entdecker den Weg in die Neue Welt wies. Bis heute taucht die Legende vom Lotsen immer mal wieder auf. Bewiesen ist nichts.